AF390112

NOUVEAU

COURS D'HISTOIRE

A L'USAGE

des Lycées et autres Établissements
d'enseignement secondaire

Classe de Rhétorique.

A LA MÊME LIBRAIRIE :

Nouveau cours d'histoire à l'usage des lycées et autres établissements d'instruction publique, rédigé conformément au dernier programme officiel.

CLASSE DE 6e. — Histoire ancienne, contenant : l'Histoire universelle, depuis la Création du monde jusqu'aux guerres médiques (Orient et Égypte), par M. *Dauban*, ancien professeur d'histoire au lycée de Nantes, membre du comité des travaux historiques au ministère de l'Instruction publique. 1 vol. in-12 avec cartes. Prix, cart.................................... 1 75

Ouvrage autorisé par Son Exc. M. le ministre de l'Instruction publique.

CLASSE DE 5e. — Histoire grecque, par *le même*. 1 vol. in-12 avec cartes. Prix, cart.................................... 2 50

CLASSE DE 4e. — Histoire romaine, par *le même*. 1. vol. in-12 avec cartes. Prix, cart.................................... 2 50

CLASSE DE 3e. — Histoire de France et Histoire du moyen age du Ve au XIVe siècle, par *un professeur d'histoire* de l'Académie de Paris, docteur ès lettres. Prix, cart.................................... 1 75

CLASSE DE 2e. — Histoire de France, du moyen age et des temps modernes, du XIVe siècle au milieu du XVIIe siècle, par *le même*. 1 vol. in-12. Prix, cart.................................... 2 »

CLASSE DE RHÉTORIQUE. — Histoire de France et Histoire moderne depuis l'avénement de Louis XIV jusqu'aux traités de 1815, par *le même*. 1 vol. in-12. Prix, cart.................................... 1 60

CLASSE DE PHILOSOPHIE. — Histoire générale de l'Europe, depuis 1789 jusqu'à nos jours, par M. *Dauban*. 1 vol. in-12 cart.

SÉRIE D'ATLAS

DE GÉOGRAPHIE ANCIENNE ET MODERNE

A l'usage des établissements d'instruction publique, pour servir à l'étude de l'histoire et de la géographie, dressés d'après les nouveaux programmes officiels, et adaptés au nouveau Cours d'histoire ci-dessus annoncé, par Ch. Barberet, inspecteur d'académie, et Ch. Périgot, professeur d'histoire au lycée de Douai, membre de la Société de géographie de Paris. 7 vol. grand in-8° sur quart de jésus.

Chaque classe forme un volume spécial qui se vend séparément.

Corbeil, typ. et stér. de Crété.

NOUVEAU COURS D'HISTOIRE

A L'USAGE DES LYCÉES
ET AUTRES ÉTABLISSEMENTS D'ENSEIGNEMENT SECONDAIRE

RÉDIGÉ CONFORMÉMENT AUX DERNIERS PROGRAMMES OFFICIELS

HISTOIRE DE FRANCE

ET

HISTOIRE MODERNE

DEPUIS L'AVÉNEMENT DE LOUIS XIV
JUSQU'AUX TRAITÉS DE 1815

Par un professeur d'Histoire de l'Académie de Paris, docteur ès lettres

CLASSE DE RHÉTORIQUE

PARIS

ÉDITIONS DEZOBRY

Fd TANDOU ET Cie, LIBRAIRES-ÉDITEURS

RUE DES ÉCOLES, 78

1864

HISTOIRE DE FRANCE

ET

DES TEMPS MODERNES

DEPUIS L'AVÉNEMENT DE LOUIS XIV JUSQU'AUX
TRAITÉS DE 1815.

RHÉTORIQUE.

N° 1.

Minorité de Louis XIV. — Anne d'Autriche et Mazarin.—La Fronde. — Guerre contre l'Espagne.— Traité des Pyrénées.

Minorité de Louis XIV (1643-1661). — Louis XIV succéda, en 1643, à son père Louis XIII, et commença le règne le plus long et le plus glorieux de la dynastie capétienne. Il devait occuper le trône pendant soixante-treize ans. Ce serait toutefois une étrange erreur de voir, pendant cette longue période si féconde en grands hommes et en grandes choses, Louis XIV planant sur le siècle entier et lui donnant un caractère de majestueuse unité. Les dix-huit premières années du règne de Louis XIV (1643-1661) appartiennent à Mazarin, héritier de la politique de Richelieu, et poursuivant comme lui l'abaissement de la maison d'Autriche. Après la mort de Mazarin (1661), commence le gouvernement personnel de Louis XIV qui a duré cinquante-quatre ans, mais qui présente aussi des phases très-diverses. Louis XIV, secondé par Colbert et Louvois, donna d'abord à toutes les branches d'administration une admirable impulsion : finances, lois, industrie, commerce, marine, armée, tout semblait sortir du chaos pour s'organiser sous l'œil du génie. En même temps, de Lyonne dirigeait les relations extérieures, et la France s'élevait au premier rang entre les puissances européennes. Elle acquit alors plusieurs provinces frontières, Artois, Roussillon, Flandre française, Franche Comté. Jamais elle n'avait été plus prospère. Une littérature brillante et d'éminents artistes ajoutèrent encore à l'éclat de cette époque. Mais à partir de 1683, la mort de Colbert, la révocation de l'édit de Nantes, la révolution d'Angleterre qui enleva un allié à la France et donna un chef habile aux coalitions européennes, l'épuisement des finances, la mort de presque tous les hommes supérieurs qui avaient secondé Louis XIV; enfin les désastres de la guerre de succession d'Espagne attristèrent la dernière partie de ce grand règne. Louis XIV supporta l'adversité avec une force admirable, et l'Europe coalisée ne put lui enlever les provinces conquises dans les époques antérieures. En résumé, le règne de Louis XIV se divise en trois périodes nettement tranchées : 1º de 1643 à 1661, Mazarin prépare sa grandeur; 2º de 1661 à 1683, la France parvient à son apogée; 3º 1683 1715, le déclin commence, mais il est plein de grandeur et de majesté, comme celui de l'astre que Louis XIV avait choisi pour emblème.

Anne d'Autriche, Mazarin. —Louis XIV n'avait que cinq ans à la mort de son père (mai 1643). Le parlement cassa l'ordonnance de Louis XIII, qui établissait un conseil de régence, et donna l'autorité souveraine à la reine-mère, Anne d'Autriche. Cette princesse espagnole choisit pour principal ministre l'Italien Jules Mazarin, qui s'était fait remarquer par son habileté diplomatique sous l'administration de Richelieu. Le caractère de Mazarin présentait un contraste frappant avec celui de son prédécesseur. « On voyait, dit le cardinal de Retz, sur les degrés du trône d'où l'âpre et redoutable cardinal de Richelieu avait foudroyé plutôt que gouverné les humains, un successeur doux et bénin, qui ne voulait rien, qui était au désespoir que sa dignité de cardinal ne lui permît pas de s'humilier autant qu'il l'eût souhaité, devant tout le monde. » Mazarin n'était pas encore connu; sa prudence passa pour de la timidité et encouragea les complots. Les exilés revinrent; les intrigants s'agitèrent. L'ambitieuse duchesse de Chevreuse, favorite d'Anne d'Autriche sous la dernier règne, reparut à la cour, et se flatta de reprendre près de la régente l'empire qu'elle avait exercé sur la reine persécutée. Elle devint l'âme d'un parti désigné sous le nom de *cabale des importants*. Là figurait le duc de Beaufort, de la maison de Vendôme, remarquable par sa belle figure et par son audace, mais dépourvu d'esprit et de jugement. Ce *roi des halles*, dit Retz, parlait et pensait comme le peuple, dont il fut l'idole quelque temps. Les *importants* avaient espéré dominer Anne d'Autriche; la voyant attachée à Mazarin, ils conspirèrent et s'attirèrent une juste disgrâce. Vainqueur de cette cabale, Mazarin saisit le pouvoir d'une main plus ferme, se concilia habilement Gaston d'Orléans en gagnant son favori l'abbé de la Rivière, ménagea les parlements, et dirigea la politique européenne avec autant de fermeté et de grandeur que le cardinal de Richelieu. C'est là surtout qu'est la gloire de son ministère.

Mazarin, comme il le disait lui-même, avait le cœur plus français que le langage. Il tenta d'assurer à la France ses limites naturelles, et il y réussit en partie. Les Espagnols avaient voulu profiter des embarras d'une régence pour envahir le royaume, et don Francisco de Mellos s'était avancé jusqu'à Rocroi (Ardennes). Mais le jeune duc d'Enghien, qui devint le grand Condé, préluda à ses exploits par la victoire de Rocroi (1643), qui, selon l'expression de Retz, couronna de lauriers le berceau de Louis XIV. Condé y tailla en pièces l'infanterie espagnole, regardée jusqu'alors comme invincible. La prise de Thionville suivit de près cette victoire. Condé fut appelé presque en même temps sur les bords du Rhin pour réparer un échec des armées françaises. Il triompha, en 1644, de l'armée impériale à la bataille de Fribourg en Brisgau (pays de Bade); il lui fallut combattre dans cette journée la nature comme les hommes. L'armée des impériaux, commandée par le Bavarois Mercy, était retranchée sur les pentes de la forêt Noire, et ce ne fut qu'après trois jours d'efforts que Condé parvint à la chasser de cette position formidable. La tradition représente le général français lançant son bâton de commandement au milieu des ennemis, et l'armée entière se précipitant pour le reprendre. La conquête d'une partie des provinces situées sur la rive droite du Rhin fut la conséquence de cette victoire. Une troisième bataille livrée, en 1645, à Nordlingen (Bavière), coûta la vie à Mercy, le digne adversaire de Condé. Le vainqueur lui fit élever un tombeau avec cette inscription : *Sta viator; heroem calcas!* (arrête-toi, voyageur; tu foules la cendre d'un héros!) La prise de Dunkerque et la conquête d'une partie de la Belgique en 1646 mirent le comble à la gloire de Condé. Turenne, d'abord moins heureux, pénétra en 1647 au cœur de l'Allemagne, triompha des impériaux à Sommershausen en 1648, et menaça l'Autriche jusque dans ses États héréditaires.

A cette époque, la France, où commençaient à éclater des divisions intestines, venait d'être abandonnée par les Hollandais. Ces derniers avaient signé une paix particulière avec l'Espagne dès le 30 janvier 1648. Alors les Espagnols, toujours maîtres de la Belgique, et pouvant disposer de toutes leurs forces contre la France, envahirent de nouveau l'Artois et la Picardie. Condé les vainquit à la journée de Lens (20 août 1648). Le Roussillon, l'Artois et l'Alsace conquis, le Portugal délivré, la Catalogne envahie, la Suède triomphante, la Hongrie détachée de l'Autriche, l'Italie secouant le joug de l'Espagne, enfin l'empire triomphant de l'empereur, tels furent les résultats de la glorieuse politique suivie par Richelieu et Mazarin. La paix de Westphalie, que la France signa avec l'Allemagne **le 24 octobre 1648**, consacra une partie de ces avantages. Si le succès fut incomplet, il faut l'attribuer aux troubles que les grands et les parlements excitèrent alors contre Mazarin, et que l'on désigne sous le nom de Fronde.

Fronde. (1648-1653).—On appelle *Fronde* les troubles et les guerres civiles qui ont déchiré la France pendant cinq années, chassé Louis XIV et Anne d'Autriche de leur capitale, forcé Mazarin de s'exiler deux fois, interrompu les glorieuses campagnes contre l'Autriche, et tourné contre la France l'épée victorieuse à Rocroy, à Fribourg, à Nordlingen et à Lens. Cette guerre civile, qui a tiré son nom d'un jeu d'enfants, et qui fut puérile dans ses causes, et souvent burlesque dans les scènes parlementaires, faillit devenir funeste à la France, en livrant à l'Espagne plusieurs villes importantes, et en lui donnant l'appui de nos plus grands généraux. On distingue ordinairement deux frondes : la première, appelée *fronde parlementaire*, dura de 1648 à 1649 ; la seconde est la fronde des princes, qui troubla la France de 1650 à 1653. Les causes de la première fronde furent les embarras financiers qui résultaient de la prolongation de la guerre et du mauvais système d'impôts adopté à cette époque. Mazarin avait chargé l'Italien Particelli Émery de l'administration des finances. Après avoir épuisé toutes les ressources, Émery voulut créer de nouvelles charges de judicature, et retenir une partie des gages des magistrats. Aussitôt, le parlement, la chambre des comptes, la cour des aides et le grand conseil signèrent l'*arrêt d'union* (1648), par lequel ces compagnies souveraines s'engageaient à défendre leurs priviléges. Mazarin crut les intimider par un coup d'État, et, le jour même où l'on chantait un *Te Deum* pour la victoire de Lens (26 août), plusieurs membres du parlement furent arrêtés. On remarquait surtout parmi eux Broussel, que ses cheveux blancs, l'austérité de sa vie privée et ses déclamations habituelles contre le gouvernement avaient rendu cher au peuple.

L'arrestation des membres du parlement fut le signal d'une émeute connue sous le nom de *journée des barricades* (27 août). Le chancelier Pierre Séguier y courut les plus grands dangers, et la reine se vit forcée de relâcher les prisonniers. Le pouvoir fut avili par cette faiblesse, et Mazarin attaqué avec une violence chaque jour plus intolérable. Entre tous les hommes qui poursuivaient le ministre de leur haine et de leurs calomnies, on remarquait Paul de Gondi, coadjuteur de l'archevêque de Paris, plus connu sous le nom de cardinal de Retz. La Rochefoucauld l'a caractérisé avec justesse. « Cet homme, dit-il, ayant joint à plusieurs belles qualités naturelles et acquises le défaut que la corruption des esprits fait passer pour vertu, était entaché d'une ambition extrême et d'un désir déréglé d'accroître sa réputation et sa fortune par toutes sortes de voies, si bien que la fermeté de son courage et son puissant génie trouvèrent un triste et malheureux objet, qui fut le trouble de l'État et la confusion de la ville capitale dont il était archevêque. » En effet, Retz disposant du clergé de Paris, et très-influent dans le parlement, contribua à entretenir les discordes civiles. La cour fut obligée de subir les conditions que les parlementaires voulurent lui imposer, et de publier la déclaration du 24 octobre 1648, qui changeait la nature du gouvernement de la France. A côté de quelques mesures utiles, cette déclaration renfermait des dispositions funestes, et entre autres celle qui supprimait les *intendants* institués par Richelieu.

Il était impossible que la reine se résignât longtemps à cette humiliation. Abreuvée d'affronts, elle résolut de punir une ville rebelle. Dès que Condé fut de retour à Paris, la régente s'assura de son épée, puis se retira à Saint-Germain (6 janvier 1649), et, là, rendit une ordonnance qui transférait le parlement à Montargis. La guerre était déclarée, et Paris s'apprêta à la résistance. Le prince de Conti, frère de Condé, le duc de Longueville, son beau-frère, le duc de Beaufort et le duc d'Harcourt, prirent le commandement des milices bourgeoises. Des intrigues de femmes s'ajoutèrent encore à ces causes de troubles. Les duchesses de Longueville, de Chevreuse et de Montbazon excitaient les frondeurs. Le mélange d'écharpes bleues, de dames, de cuirasses, de violons dans les salles de l'hôtel de ville, le bruit des tambours et le son des trompettes sur la place donnaient, dit le cardinal de Retz, un spectacle que l'on voit plus dans les romans qu'ailleurs. La plupart des rencontres entre la petite armée de Condé et les milices nombreuses, mais peu aguerries, de la bourgeoisie parisienne, ne furent pas sérieuses. Il y eut cependant un combat assez sanglant à Charenton. Bientôt les vivres manquèrent dans Paris, et le parlement se vit dans la nécessité de traiter avec la cour ou avec l'Espagne. Les frondeurs exaltés aimaient mieux s'allier avec l'ennemi qu'avec le Mazarin. Ils introduisirent dans Paris, et jusque dans le parlement, un prétendu envoyé du roi d'Espagne, Philippe III, pendant qu'ils refusaient d'entendre les propositions d'Anne d'Autriche. Heureusement il y avait dans le parlement un grand nombre de magistrats que ces excès révoltaient. A leur tête était le premier président Mathieu Molé. Son ennemi, le cardinal de Retz, n'a pu s'empêcher de louer son courage : « Si ce n'était pas une espèce de blasphème de dire qu'il y a eu quelqu'un dans notre siècle de plus intrépide que le grand Gustave et que M. le Prince (le prince de Condé), je dirais que ça été M. Molé, premier président. Il voulait le bien de l'État préférablement à toutes choses. » Déjà Molé s'était signalé par sa fermeté à la Journée des barricades. Il montra encore plus d'énergie lorsque les princes soulevèrent la populace pour forcer le parlement de continuer la guerre civile. Il ouvrit des conférences avec la cour et signa le traité de Ruel (11 mars 1649), qui accordait amnistie pleine et entière pour tous les événements de la guerre civile. Les princes, qui avaient résisté jusqu'alors, se hâtèrent de conclure des traités particuliers, et de faire acheter leur soumission au plus haut prix possible.

La paix de Ruel ne rendit pas au gouvernement l'autorité que les troubles lui avaient enlevée. Une régente étrangère, un ministre odieux et méprisé, des factions hostiles et violentes, un prince victorieux et enivré de ses succès, tout contribuait à perpétuer les dissentions. Condé, qui s'attribuait tout les succès, traitait Mazarin et la régente avec une hauteur insolente. Bientôt son ambition ne connut plus de bornes et prépara sa ruine. Les frondeurs unirent leurs ressentiments à ceux de la cour, et l'arrestation de Condé fut résolue. Il fut emprisonné, le 18 janvier 1650, en même temps que son frère le prince de Conti et son beau-frère le duc de Longueville. Ce fut le signal d'une nouvelle guerre. Mme de Longueville, sœur du grand Condé, après avoir vainement tenté de soulever la Normandie, se retira à Stenay où Turenne, qui s'était déclaré pour la Fronde, commandait une petite armée. La princesse de Condé, Claire-Clémence de Maillé-Brezé, souleva la Guyenne et s'allia avec l'Espagne. Mazarin parvint à étouffer cette révolte ; il mena le roi à Bordeaux, et imposa un traité de paix aux rebelles. Il marcha ensuite avec le maréchal du Plessis-Praslin contre Turenne, qui avait pénétré en Champagne, et remporta un avantage décisif à Rethel (décembre 1650). Mais cette victoire ne fit que rendre ses ennemis plus nombreux et plus acharnés : la vieille Fronde s'unit à la nouvelle pour s'opposer à la toute-puissance du ministre. Gaston fut entraîné dans la coalition, et le parlement adressa des remontrances au roi pour obtenir la liberté des princes qui avaient été transférés au Havre. A la vue de ce déchaînement général, Mazarin sortit de Paris (1651) et alla lui-même délivrer les princes, qu'il espérait détacher de la Fronde. N'ayant pu traiter avec eux, il se retira à Sedan, et ensuite à Brühl, château de l'électeur de Cologne. De là il ne cessa d'entretenir une correspondance active avec les ministres Le Tellier, de Lyonne et Servien, qu'il avait placés auprès de la reine-mère.

La retraite de Mazarin laissait en présence les deux Frondes qui, rapprochées par la haine du ministre, ne tardèrent pas à se diviser de nouveau. Le prince de Condé, plus hautain et plus emporté que jamais, voulait imposer ses volontés au parlement. Gondi, qui dominait Gaston d'Orléans et disposait de la majorité du parlement, lui disputait le pouvoir. La lutte entre les deux Frondes se prolongea quelque temps dans Paris; mais cette guerre de parole et de plume n'était pas celle qui convenait au prince de Condé. Il quitta Paris et se retira en Guyenne, où il s'allia avec l'Espagne, et recommença la guerre civile. Mazarin en profita pour revenir en France (1652) à la tête d'une petite armée qu'il avait levée à ses frais. Il fut rejoint par Turenne rentré en grâce. L'armée royale s'avança jusque dans l'Orléanais, qui fut le principal théâtre des hostilités. Mademoiselle de Montpensier, fille de Gaston d'Orléans, y commandait l'armée royale, et avait sous ses ordres les comtesses de Fiesque et de Frontenac, qu'elle appelait ses *aides de camp*. Turenne battit d'abord l'armée ennemie à Bléneau (Yonne); mais l'arrivée subite de Condé changea la face des affaires, et peu s'en fallut que ce prince n'enlevât la cour à Gien (Loiret). La prudence de Turenne sauva l'armée royale. Condé se dirigea alors vers Paris, et Turenne l'y suivit. La bataille de la porte Saint-Antoine assura le triomphe de la royauté, et si Mademoiselle de Montpensier n'eût pas fait tirer les canons de la Bastille contre les troupes de Louis XIV, l'armée de la Fronde eût été détruite. Condé ne réussit pas à se maintenir longtemps dans Paris. Vainement il souleva la populace contre les magistrats et la bourgeoisie. Le massacre de l'hôtel de ville (4 juillet 1652) ne servit qu'à le rendre odieux. Il fut réduit à passer du côté des Espagnols. Mazarin, pour ôter tout prétexte à la guerre civile, s'éloigna une seconde fois et se retira à Sedan. Alors Paris rappela le roi avec de vives instances (septembre 1652). Louis XIV rentra dans sa capitale au milieu de l'enthousiasme général; son oncle, Gaston, fut exilé à Blois; le cardinal de Retz arrêté et enfermé à Vincennes, puis à château de Nantes ; enfin, Mazarin revint plus puissant que jamais (1653). Cette crise violente n'avait servi qu'à affermir l'autorité royale. La Fronde ne parut bientôt plus, comme dit Bossuet, « que le dernier effort d'une liberté remuante qui allait céder la place à l'autorité légitime, et comme un travail de la France prête à enfanter le règne miraculeux de Louis. »

Guerre contre l'Espagne.—Cependant la guerre civile avait eu des conséquences funestes pour la puissance extérieure de la France. Les Espagnols avaient repris Dunkerque, Casal, Barcelone, et chassé les Français de la Catalogne. Ils avaient même pénétré en Artois, et assiégeaient Arras. Turenne força leurs lignes (1654) et les mit en fuite. Condé soutint seul les efforts de l'armée française, et le roi d'Espagne lui écrivit : *J'ai su que tout était perdu et que vous avez tout conservé.* On a remarqué avec raison que le sort de Turenne et de Condé fut toujours d'être vaincus quand ils combattirent à la tête des ennemis contre leur patrie. Arras sauvé, les lignes des ennemis forcées et l'archiduc Léopold mis en fuite comblèrent Turenne de gloire ; il sauva devant Valenciennes l'armée française mise en déroute par Condé (1656), et fit tête partout à l'ennemi ; il alla même un mois après assiéger et prendre la petite ville de la Capelle : c'était peut-être la première fois qu'une armée battue avait osé faire un siège. Les négociations de Mazarin n'avaient pas moins de succès que les armes de Turenne. Il s'allia avec Cromwell, dont l'amitié était également recherchée par la France et par l'Espagne. Il conclut avec une partie des princes allemands la *confédération du Rhin*, qui donna à Louis XIV le protectorat de l'empire contre l'empereur (1657). Enfin, la victoire des Dunes (1658) assura le triomphe de la France sur l'Espagne. La ville de Dunkerque était assiégée par terre et par mer, par les Français et par les Anglais. Vingt vaisseaux anglais bloquaient le port, et six mille soldats de Cromwell étaient venus renforcer l'armée de Turenne. De leur côté, Condé et don Juan d'Autriche, ayant rassemblé toutes leurs troupes, se présentèrent pour secourir la place. Turenne les vainquit complétement à la journée des Dunes (14 juin 1658), et s'empara de la ville de Dunkerque, mais pour la rendre aux Anglais, suivant les stipulations du traité conclu avec Cromwell.

Traité des Pyrénées.—La victoire des Dunes fut bientôt suivie de la paix des Pyrénées, qui mit le comble à la gloire et à la puissance de Mazarin (1659). Ce traité, glorieux complément de la paix de Westphalie, prépara la grandeur du règne de Louis XIV en donnant à la France la prépondérance en Europe. Mazarin se rendit aux Pyrénées pour négocier avec don Louis de Haro, principal ministre de Philippe IV. Les conférences durèrent quatre mois. Mazarin et don Louis y déployèrent, dit Voltaire, toute leur politique : celle du cardinal était la finesse ; celle de don Louis, la lenteur. Celui-ci ne donnait presque jamais de paroles, et celui-là en donnait toujours d'équivoques. Le génie du ministre italien était de vouloir surprendre ; celui de l'espagnol était de s'empêcher d'être surpris. On prétend qu'il disait du cardinal : *Il a un grand défaut en politique : c'est qu'il veut toujours tromper.* La paix des Pyrénées assura à la France la possession de l'Artois et du Roussillon. Louis XIV épousa l'infante Marie-Thérèse, qui renonçait à toutes prétentions sur la succession d'Espagne, et devait apporter une dot de cinq cent mille écus d'or. Comme cette somme ne fut jamais payée, la renonciation à la succession d'Espagne fut annulée, et plus tard Louis XIV fit valoir les droits de Marie-Thérèse. Condé rentra en grâce et fut rétabli dans ses dignités. Mazarin était devenu l'arbitre de la France et de l'Europe ; mais il ne jouit pas longtemps de cette grandeur : il mourut en 1661, laissant une fortune évaluée à plus de deux cents millions. Inférieur à Richelieu pour la vigueur du caractère et l'étendue de l'esprit, Mazarin eut du moins la gloire de rester fidèle à la politique de son prédécesseur, et d'assurer par ses négociations la supériorité de la France sur les nations voisines.

N° 2.

Gouvernement personnel de Louis XIV. — Colbert et Louvois.—Conquête de la Flandre.—Traité d'Aix-la-Chapelle.

Gouvernement personnel de Louis XIV. — Louis XIV domine le xviie siècle, qu'on a même désigné sous le nom de *siècle de Louis XIV.* Cependant, en rendant justice à ce prince, on ne doit pas méconnaître la part des hommes éminents qui contribuèrent à la prospérité et à l'éclat de son règne. Saint-Simon a dit avec vérité : « Sa première entrée dans le monde fut heureuse en esprits distingués de toute espèce ; ses ministres au dedans et au dehors étaient alors les plus forts de l'Europe ; ses généraux, les plus grands ; leurs seconds, les meilleurs. Les mouvements dont l'État avait été si furieusement agité au dedans et au dehors, depuis la mort de Louis XIII, avaient formé une quantité d'hommes qui composaient une cour d'habiles et illustres personnages et de courtisans raffinés. » Louis XIV eut le mérite de discerner la capacité de ces hommes éminents, de comprendre leurs pensées et de faire concourir à la grandeur de la France la diversité de leurs talents et souvent même l'opposition de leurs caractères et de leur ambition. Il avait vingt-trois ans, lorsqu'à la mort de Mazarin il ne voulut plus de premier ministre. Ses grandes qualités n'étaient pas encore altérées par l'orgueil; il avait une volonté forte et persévérante, un profond sentiment des devoirs que son rang lui imposait, une application assidue aux affaires, une dignité majestueuse en toutes choses; enfin un instinct supérieur du bon et du beau qui suppléait souvent à l'imperfection de son éducation : il savait discerner le mérite et le récompenser. Pénétré de la nécessité du travail, il voulut tout connaître par lui-même, finances, justice, guerre, politique extérieure, et il s'y appliqua avec un zèle qui se soutint pendant cinquante-quatre ans (1661-1715).

Mais imbu de l'idée de sa toute-puissance et presque de son infaillibilité, Louis XIV ne voyait que lui dans l'État. « La volonté de Dieu, dit-il dans ses *Mémoires*, est que quiconque est né sujet obéisse sans discernement. » Il ne parlait qu'avec indignation des monarchies où le roi est forcé de se soumettre à la volonté nationale : « L'assujettissement qui met le souverain dans la nécessité de prendre la loi de ses peuples est la dernière calamité où puisse tomber un homme de notre rang. » Il dit ailleurs : « Ces corps formés de tant de têtes n'ont point de cœur qui puisse être échauffé par le feu des belles passions. » Pénétré de ces principes, Louis XIV ne convoqua jamais les états généraux ni les notables; il imposa silence au parlement, qui voulait faire entendre quelques remontrances; en un mot, il concentra toute la puissance en lui-même, et si le mot, célèbre : L'*État, c'est moi*, ne fut pas prononcé, on peut affirmer du moins qu'il résume parfaitement la pensée du roi. Il ne voulait de grandeur, comme dit Saint-Simon, que par émanation de la sienne : de là l'exclusion systématique de la noblesse, qu'il éloigna de toutes les fonctions administratives. « Il n'était pas de mon intérêt, dit-il lui-même, de prendre (pour ministres) des hommes d'une qualité éminente. Il fallait, avant toutes choses, faire connaître au public, par le rang même où je les prenais, que mon dessein n'était pas de partager mon autorité avec eux. Il m'importait qu'ils ne conçussent pas d'eux-mêmes de plus hautes espérances que celles qu'il me plairait de leur donner; ce qui est difficile aux gens d'une grande naissance. »

Louis XIV n'appela d'abord dans son conseil intime que trois ministres : Michel Le Tellier, connu depuis plus de vingt ans par un dévouement à toute épreuve; de Lyonne, formé par Mazarin à la politique extérieure et parfaitement instruit de la situation de l'Europe; enfin, le surintendant Fouquet, dont le roi soupçonnait les dilapidations, mais dont il ne pouvait encore se passer. Heureusement, Mazarin mourant avait légué à Louis XIV son intendant Jean-Baptiste Colbert. Louis XIV chargea Colbert de surveiller Fouquet, et bientôt il eut la preuve des exactions du surintendant qui affichait un luxe insolent et se croyait plus puissant que jamais. Fouquet donna à Louis XIV une fête splendide dans son château de Vaux, où il avait dépensé plus de dix-huit millions de monnaie de cette époque. Louis XIV eut un instant la pensée de le faire arrêter au milieu de ces magnificences; mais il se contint par le conseil de sa mère. Peu de temps après, Fouquet fut arrêté à Nantes, où il s'était rendu avec la cour (septembre 1661). Le surintendant fut livré à une chambre de justice chargée de poursuivre les prévarications des financiers. Son procès dura jusqu'en 1664. La longueur des débats, l'acharnement de ses ennemis, la pitié qui s'attache toujours au malheur, le dévouement de quelques amis, tels que La Fontaine, Pellisson, madame de Sévigné, inspirèrent une vive sympathie pour Fouquet. L'opinion publique, d'abord déchaînée contre lui, applaudit à la sentence qui lui sauva la vie. La chambre de justice l'avait condamné à un bannissement perpétuel avec confiscation des biens. Louis XIV aggrava la peine qu'il changea en un emprisonnement perpétuel dans la citadelle de Pignerol.

Colbert. — Après l'arrestation de Fouquet, Louis XIV supprima la place de surintendant; il en prit pour lui-même les fonctions, et s'adjoignit un conseil de finances, composé du maréchal Villeroi, des deux conseillers d'État, d'Aligre et de Sève, et d'un contrôleur général, qui fut Colbert. « C'est dans ce conseil, dit Louis XIV, que j'ai travaillé continuellement depuis à démêler la terrible confusion qu'on avait mise dans mes finances. » La gloire de ces réformes financières revient surtout à Colbert, que Louis XIV daigne à peine nommer, et seulement comme l'exécuteur de ses volontés. Peut-être le roi fut-il dupe, comme le prétend Saint-Simon, de l'adresse de Colbert, qui saisit « seul toute l'autorité des finances, et lui faisait accroire qu'elle passait toute entre ses mains par les signatures dont il l'acca-

b'a, à la place de celles que faisait le surintendant. » Travailleur
infatigable, dur à lui-même et aux autres, homme de marbre (*vir
marmoreus*), comme l'appelle Gui-Patin, Colbert opposait un front
impassible aux sollicitations des courtisans et aux plaintes des mé-
contents. Il procéda à la réforme des finances avec une vigueur systématique que ne lassèrent ni les pamphlets de ses ennemis, ni l'in-
gratitude de ceux pour qui il travaillait. Quelques mesures violentes,
comme la suppression d'une partie des rentes, en 1662, et le rem-
boursement forcé, en 1664, ne doivent pas faire oublier les services
rendus par Colbert. Le rapprochement de quelques chiffres est plus
significatif, en matière de finances, que tous les éloges. En 1661, on
percevait 84,222,096 livr., d'après les *Recherchess sur les finances* par
Forbonnais, et il n'entrait dans le trésor public que 31,844,924 livr.
Les dépenses s'élevaient annuellement à 53,377,172 livres. Il y avait
donc chaque année un déficit considérable. Les traitants et autres
financiers, qui avaient la ferme des impôts, détournaient à leur
profit une partie de l'argent levé sur le peuple, et ils s'en servaient
pour faire des prêts au trésor à un taux exorbitant : ainsi, ils vo-
laient doublement l'État. Dès 1667, Colbert avait augmenté le revenu
et diminué les charges. Le revenu s'élevait à 95,574.73 livres ; il
entrait au trésor 63,016,826 livres ; les dépenses n'étaient plus que
32,554,913 livres : il y avait donc un excédant de 31,171,902 livres
de recettes sur les dépenses. En peu d'années, Colbert put acquitter
les dettes et consacrer des sommes considérables au commerce, à
la marine et à ces grandes constructions qu'admire encore la postérité. Cette administration ferme et habile donna le moyen d'accomplir les conquêtes qui ont étendu le territoire de la France. En un
mot, elle a été le principe et la cause des grandes choses accomplies
sous ce règne ; il est donc nécessaire de s'y arrêter. Colbert parvint
à ces résultats en exerçant sur les comptables une surveillance minutieuse, en diminuant le nombre des offices et les rentes qui grevaient le trésor public, et surtout en développant la richesse nationale par l'industrie et le commerce.

La chambre de justice, qui poursuivit dans toute la France les
financiers prévaricateurs, leur fit rendre cent dix millions de monnaie du temps. Elle inspira une salutaire terreur à tous ceux qui
avaient le maniement des deniers publics en leur prouvant qu'à
l'avenir leurs fautes ne resteraient plus impunies. Colbert réduisit le
droit qu'ils prélevaient pour le recouvrement de l'impôt de cinq sous
à quinze deniers. Les offices de finances étaient devenus hérédi-

taires, comme les offices de judicature; ils les rendit viagers, et souvent même les transforma en simples commissions révocables à volonté. Les receveurs généraux furent astreints à signer des obligations à quinze mois, qui rendaient toujours disponible le revenu public. Les fermes de tous les impôts furent de nouveau mises aux enchères, et cette opération assura au trésor un bénéfice de trois millions. Un budget dressé chaque année fit connaître au roi, avec une minutieuse exactitude, l'état des recettes et des dépenses. L'assiette de l'impôt fut modifiée : Colbert diminua les tailles, qui grevaient surtout les classes inférieures, et accrut les aides, qui frappaient les objets de consommation et pesaient par conséquent sur tous les Français. Il allégea la gabelle ou impôt sur le sel, qui était onéreux principalement au peuple. La fabrication des monnaies ne fut plus affermée, mais exercée directement par l'Etat. Les douanes, qui variaient de province à province, furent soumises à un tarif uniforme. Un grand nombre de privilégiés avaient cherché à se soustraire à l'impôt en achetant des offices ou en usurpant des titres de noblesse. Le trésor et le peuple souffraient de ces abus; le premier voyait diminuer ses ressources, et le second augmenter les charges qu'il supportait. Une ordonnance de 1665 réduisit le nombre des offices de judicature, en fixant le prix des charges et l'âge auquel on pourrait les obtenir. Quant aux usurpateurs des titres de noblesse, Colbert les soumit à la taille avec une juste rigueur. Enfin il fit commencer un cadastre, qui devait rendre plus équitable la répartition de l'impôt territorial. Les domaines usurpés ou aliénés furent repris ou rachetés.

Colbert évita, dans ses réformes financières, d'engager l'avenir par des emprunts. Cette ressource lui paraissait désastreuse sous un prince ami du faste et des grands monuments. Gourville prétend même qu'il avait fait rendre un édit portant peine de mort contre quiconque prêterait de l'argent au roi. Mais pendant la guerre de Hollande, les instances de Louvois triomphèrent de l'opposition de Colbert. Le premier président de Lamoignon appuya l'avis du ministre de la guerre et le fit adopter par le conseil. « Vous triomphez, lui dit Colbert, vous pensez avoir fait l'action d'un homme de bien : eh! ne savais-je pas comme vous que le roi trouverait de l'argent à emprunter? mais je me gardais avec soin de le dire. Voilà donc la voie des emprunts ouverte. Quel moyen restera-t-il désormais d'arrêter le roi dans ses dépenses? Après les emprunts, il faudra les impôts pour les payer, et si les emprunts n'ont point de bornes, les impôts n'en auront pas davantage. » Colbert réussit du moins, à atténuer le mal qu'il n'avait pu complétement empêcher. Il emprunta à un taux modéré, et conseilla à Louis XIV de diminuer les dépenses de luxe. Enfin, aussitôt après la conclusion de la paix de Nimègue, il s'occupa de rembourser les créanciers de l'État. Cet esprit austère et opiniâtre avait des élans d'enthousiasme, quand il s'agissait de l'honneur et de la puissance de la France. « Un repas inutile de mille écus me fait une peine incroyable, écrivait-il à Louis XIV; et, lorsqu'il est question de millions d'or pour la Pologne, je vendrais tout mon bien, j'engagerais ma femme et mes enfants, et j'irais à pied toute ma vie pour y fournir, si c'était nécessaire. »

On a reproché à Colbert d'avoir négligé l'agriculture. Il est certain qu'il maintint quelques mesures prohibitives qu'on a justement critiquées. Ainsi, le transport des grains d'une province à l'autre fut interdit. Mais on ne peut rendre Colbert responsable de ces prohibitions, qui remontaient à une époque fort ancienne. Il en adoucit même la rigueur dans plusieurs circonstances. Il défendit de saisir les bestiaux pour le payement des impôts. Enfin, ce qui valut mieux que les plus sages ordonnances, ce fut l'ordre rétabli dans la France, la diminution des tailles qui pesaient principalement sur les paysans, et la protection assurée au laboureur contre la violence des gens de guerre. Aussi, un observateur éclairé, qui visita la France pendant le ministère de Colbert, a-t-il signalé avec admiration l'abondance des produits agricoles de ce royaume. « La richesse de la France, dit William Temple, qui est la cause de sa puissance, résulte de la consommation prodigieuse faite par les pays qui l'environnent des produits si nombreux et si riches de son sol et de son climat ou du travail ingénieux de ses habitants. Au moyen de leurs vins, de leur sel, de leurs modes d'habillement et d'équipages, les Français font venir de grosses sommes d'argent dans ce fertile et noble royaume, le plus favorisé par la nature, suivant mon opinion, de tous ceux qui sont au monde. »

Le progrès de l'industrie et du commerce est un des plus glorieux titres de Colbert à la reconnaissance et à l'admiration de la postérité. A peine arrivé au pouvoir, il consulta les principaux commerçants de la France sur les moyens de ranimer le commerce et l'industrie. Chaque port de commerce, chaque ville industrielle, désignèrent deux notables, entre lesquels Colbert choisit les conseillers qu'il appela à Paris pour s'éclairer de leurs avis. En 1665, il réorganisa le conseil de commerce, qui avait été institué en 1664 par Henri IV et était tombé en désuétude sous le ministère de Mazarin. Colbert, en s'entourant de toutes les lumières, conservait seul la haute direction du commerce. Il indique nettement sa pensée dans le préambule d'une des ordonnances. Il voulait « mettre le royaume en état de se passer de recourir aux étrangers pour les choses nécessaires à l'usage et à la commodité des Français. » Il attira des ouvriers habiles de Flandre, d'Italie et d'Angleterre, et déroba aux Anglais le secret de la trempe de l'acier. Le Hollandais Van Robais fut appelé en France et établit à Abbeville, en 1664, une célèbre manufacture de draps. Les porcelaines de Sèvres furent bientôt renommées dans toute l'Europe. La manufacture des Gobelins, qui remontait à Henri IV, reçut une nouvelle impulsion, fut placée sous la direction du célèbre peintre Lebrun et éclipsa par la magnificence de ses produits tous les établissements étrangers. Glaces de Venise, points d'Angleterre, bas au métier, draps fins de Louviers, de Sedan, d'Abbeville ; draps communs d'Elbeuf ; feutres de Caudebec ; soieries de Tours et de Lyon ; tapisseries de la Savonnerie, de Beauvais, d'Aubusson ; perfectionnement de l'horlogerie ; culture de la garance ; produits variés, du fer, de l'acier, du cuir, des terres argileuses, en un mot toutes les branches de l'industrie reçurent de Colbert une féconde impulsion. Il s'efforça de porter vers l'industrie et le commerce les capitaux qu'absorbaient les prêts à intérêt et le prix exorbitant des offices. Il avait réduit l'intérêt de l'argent du denier dix-huit au denier vingt (de 5,55 à 5 p. %), et fixé, en le diminuant, le prix des charges de judicature. Plusieurs ordonnances furent rendues pour encourager le développement de la population ; elles accordaient des exemptions de taille et assuraient même des pensions aux chefs de famille qui avaient dix ou douze enfants.

Le mauvais état des routes « empêchait notablement le transport des marchandises, » dit une ordonnance de 1664. Colbert prescrivit aux intendants d'améliorer les voies de communication, et c'est de cette époque que datent la plupart des grandes routes de la France. Leur beauté changeait les voyages en promenades. Madame de Sévigné, qui se rendait de la Charité à Nevers, écrivait à sa famille : « C'est une chose extraordinaire que la beauté des routes ; on n'arrête pas un seul moment ; ce sont des mails et des promenades partout, toutes les montagnes aplanies ; la rue d'Enfer un chemin de Paradis ; mais non : car on dit que le chemin en est étroit et laborieux, et celui-ci est large, agréable et délicieux. Les intendants ont fait merveilles, et nous n'avons pas cessé de leur donner des louanges. » Des coches d'eau établis sur la Seine facilitèrent l'approvisionnement de Paris, et multiplièrent les moyens de communication. Le canal du Languedoc, après d'immenses travaux, admirables à toute époque et surtout dans l'enfance des sciences mécaniques, unit les deux mers qui baignent la France, et mérita d'être chanté par Corneille et par Boileau. Le canal d'Orléans fut décrété un peu plus tard, et l'exécution confiée à Monsieur, frère de Louis XIV, moyennant la jouissance perpétuelle des droits de navigation, justice et seigneurie. Ainsi se compléta le canal de Briare, qui avait été commencé sous Henri IV et achevé par Richelieu.

C'était beaucoup de vaincre les obstacles opposés par la nature et d'ouvrir au commerce de nouvelles voies de communication; mais il était encore plus urgent d'abaisser les barrières que le système féodal avait multipliées à l'intérieur du royaume. Déjà, du temps de Henri IV, on se plaignait de ces douanes provinciales qui rompaient les veines et les artères de la France. Malheureusement ces entraves du commerce étaient maintenues par des préjugés opiniâtres et par l'intérêt de quelques provinces. Colbert parvint cependant à diminuer le nombre des douanes intérieures : douze provinces, qu'on appela les *cinq grosses fermes*, consentirent à ouvrir de libres communications entre elles. C'étaient l'Ile-de-France, la Normandie, la Picardie, la Champagne, la Bourgogne, la Bresse et le Bugey, le Bourbonnais, le Poitou, l'Aunis, l'Anjou, le Maine et la Touraine : elles purent commercer entre elles avec une entière liberté. Le reste des provinces fut divisé en deux catégories : les unes étaient réputées *provinces étrangères*, les autres traitées comme *pays étrangers*. Les premières, qui étaient la Bretagne, l'Angoumois, la Marche, le Périgord, l'Auvergne, la Guyenne, le Languedoc, la Provence, le Dauphiné, la Flandre, l'Artois, le Hainaut et la Franche-Comté, n'avaient pas voulu se soumettre au tarif établi par Colbert pour les *cinq grosses fermes*; elles avaient conservé leurs douanes intérieures. Les secondes étaient l'Alsace, la Lorraine, les Trois-Évêchés (Toul, Metz et Verdun), le pays de Gex, les villes de Marseille, Dunkerque, Bayonne et Lorient. Libres dans leurs relations avec l'extérieur, ces provinces étaient traitées par le reste de la France comme pays étrangers pour l'importation et l'exportation. Colbert fut obligé de subir cette division bizarre, créée surtout par le régime féodal, dont la France portait encore les traces ; mais, du moins, il atténua les inconvénients de ces entraves artificielles Il fit pour douze provinces de la France ce que, de nos jours, le *zollve-*

rein ou union douanière a accompli pour une partie de l'Allemagne.

Colbert s'efforça d'ouvrir au commerce français des débouchés extérieurs : il déclara Dunkerque et Marseille ports de France, afin d'y attirer les étrangers. Il envoya le chevalier de Clerville dans les ports de Normandie et de Picardie pour consulter les marchands et négociants les plus habiles sur les moyens de rétablir le commerce, « qu'il avait trouvé, disait-il dans ses instructions, entièrement ruiné. » Partout on répondit à l'envoyé de Colbert « qu'il ne fallait que de l'ordre et puis encore de l'ordre. » Sans dédaigner ce conseil, qui répondait à ses idées de régularité administrative, Colbert fit preuve de vues plus neuves et plus hardies pour étendre le commerce extérieur de la France. Il demanda à tous les consuls des rapports détaillés sur les produits du pays qu'ils habitaient, sur la nature des importations, sur les contrées d'où on les tirait et sur les moyens d'enrichir la France de ce commerce. Ce fut surtout par le développement du système colonial que Colbert ouvrit de nouveaux débouchés à l'industrie française. Le commerce de mer fut anobli, et une ordonnance royale permit aux gentilshommes de s'y livrer sans déroger. La France eut des compagnies de commerce, à l'imitation de la Hollande et de l'Angleterre. Cinq compagnies s'organisèrent successivement, sous les auspices de Colbert, pour le commerce des Indes orientales et occidentales, du Levant, du Nord et de l'Afrique (Sénégambie). Jamais les colonies françaises ne furent plus florissantes. Le Canada, l'Acadie, Terre-Neuve, Saint-Pierre et Miquelon formaient la *Nouvelle-France*, dans l'Amérique septentrionale. La Louisiane recevait une colonie française. Saint-Domingue, la Martinique, la Guadeloupe, Tabago, la Barbade, etc., formaient aux Antilles un empire français dont il ne nous reste que de faibles débris. Cayenne dans la Guyane, Fort-Louis au Sénégal, Pondichéry aux grandes Indes, Bourbon et Madagascar sur la côte orientale d'Afrique étaient les entrepôts d'un commerce qui luttait sans désavantage contre la concurrence de la Hollande et de l'Angleterre.

Une puissante marine protégeait ces colonies; la France en dut surtout l'organisation à Colbert. A la mort de Mazarin, la marine française était dans un état déplorable. Il n'y avait dans les ports que dix-huit vaisseaux de trente à soixante-dix canons. Dès 1662, on répara les vieux vaisseaux; on en acheta trente-deux des Provinces-Unies, et on en fit construire douze en France. Une fonderie de canons fut établie à Amsterdam pour le compte de la France; on attira des constructeurs hollandais, des tisserands et des cordiers de

Hambourg, de Dantzig et de Riga; trente mille marins furent classés, le port de Brest agrandi, celui de Toulon creusé. Dès 1665, le duc de Beaufort parcourut la Méditerranée à la tête d'une flotte française et détruisit les flottes de Tunis et d'Alger. En 1666, il commanda sur l'Océan une flotte de trente-quatre vaisseaux montés par dix mille cinq cent cinquante-six hommes. Cependant la marine française ne prit tout son essor qu'à l'époque où elle passa entièrement sous la direction de Colbert (1669). En trois années, de 1669 à 1672, le nombre des vaisseaux de guerre s'éleva à cent quatre-vingt-seize, dont cent dix-neuf gros vaisseaux, vingt-deux frégates et cinquante-cinq bâtiments légers. Cent soixante mille matelots furent *classés* ou inscrits sur les contrôles de l'État pour servir en cas de guerre; l'École des gardes marines fut établie et le port de Rochefort creusé. Colbert obtint, en 1672, que son fils Seignelay lui fût adjoint au département de la marine, avec droit de survivance. Il avait pris le plus grand soin de l'éducation de ce fils, et il surveilla constamment son administration. Un conseil de marine et un conseil de construction navales furent institués à Paris pour éclairer le ministre de leurs avis. Dans les ports, l'administration fut séparée du commandement militaire et confiée à deux intendants qui résidaient, l'un à Rochefort pour l'Océan, et l'autre à Toulon pour la Méditerranée. L'unité de poids et de mesures fut établie dans les arsenaux de la marine. Les officiers, qui étaient nommés antérieurement par le grand amiral, reçurent directement leur commission du roi. Un des derniers actes et des plus importants de Colbert fut la célèbre ordonnance de la marine publiée en 1681 ; elle forme un véritable code maritime et traite toutes les questions qui pouvaient donner lieu à des procès devant les amirautés ou tribunaux maritimes. Cette ordonnance a été presque entièrement copiée par l'amirauté anglaise; c'est le plus bel éloge qu'on puisse en faire. Sous l'impulsion puissante de Colbert et de Seignelay, la marine française devint la première du monde : Duquesne triompha de Ruyter, et les vaisseaux français, non contents de refuser le salut aux autres nations, l'exigèrent des Espagnols, bombardèrent Gênes et forcèrent Alger de rendre les prisonniers français. A la mort de Colbert (1683), le nombre des vaisseaux de guerre de tout rang s'élevait à deux cent soixante-seize. Seignelay continua l'œuvre de son père, et lorsqu'il mourut, en 1690, la France avait sept cent soixante-trois bâtiments de guerre, de toute grandeur, en mer ou sur les chantiers.

La réforme des lois a été un des actes les plus glorieux et les plus utiles de l'administration de Louis XIV. Une série d'ordonnances, qui sont de véritables codes, améliorèrent la procédure civile et criminelle, et coordonnèrent en les réformant les règlements relatifs aux eaux et forêts, au commerce et aux colonies. Là encore nous retrouvons le génie pratique et universel de Colbert. Dès le 15 mai 1665, il avait remis à Louis XIV un mémoire dans lequel il lui exposait ses idées, qu'il présentait adroitement comme venant du roi lui-même. Il y insistait sur la gloire d'une réforme complète qui établirait dans toute la France *une même loi, un même poids et une même mesure*. Il insistait sur la nécessité « de rendre ce corps d'ordonnances aussi complet que celui de Justinien pour le droit romain. » Suppression de la vénalité des charges, réorganisation des parlements, des chambres des comptes, des cours des aides, du grand conseil et de la cour des monnaies ; gratuité de la justice ; diminution du nombre des juges et des moines ; nécessité d'encourager les professions des marchands, des laboureurs, des artisans et des soldats : telles sont les vues exposées par Colbert. Elles étaient trop supérieures à son siècle, elles froissaient trop de préjugés et d'intérêts pour être complétement adoptées ; mais, du moins, on s'occupa de la réforme des lois. Louis XIV nomma une commission composée de conseillers d'État et de maîtres des requêtes, où se fit surtout remarquer l'oncle de Colbert, Henri Pussort. Pendant deux ans la commission prépara l'*ordonnance civile* et en discuta les articles. Louis XIV prit souvent part à ces travaux législatifs. Lorsque le travail de la commission fut terminé, des conférences s'ouvrirent entre les commissaires et des députés du parlement qui avaient à leur tête le premier président, Guillaume de Lamoignon. Enfin, le 20 avril 1667, Louis XIV fit enregistrer en sa présence l'ordonnance civile par le parlement de Paris.

Cette ordonnance, qui prit le nom de *code Louis*, réforma des abus invétérés, prescrivit la tenue régulière des actes de l'état civil et leur dépôt au greffe de chaque tribunal ; elle hâta l'expédition des affaires et établit une procédure uniforme, obligatoire pour tous les tribunaux. C'était un progrès, quoique l'unité législative fût loin d'être complète et que chaque province continuât de suivre sa coutume. En 1669, deux nouvelles ordonnances contribuèrent encore à la réforme et à l'amélioration des lois. L'une limitait les évocations qui enlevaient la décision des procès aux juges naturels pour la confier à un tribunal exceptionnel ; l'autre réglait l'administration compliquée des eaux et forêts. Au mois d'août 1670, parut l'ordonnance criminelle qui fixait la compétence des divers tribunaux en matière criminelle, ainsi que les formes de procédure. L'ordonnance du commerce (1673) embrassa toutes les questions commerciales: tenue des livres de commerce, mode de payement, lettres et billets de change, contrainte par corps, faillites, banqueroutes, juridiction des tribunaux de commerce, etc. Les corporations d'arts et métiers étaient conservées, mais soumises à une organisation uniforme. Le *code noir* ou code colonial, qui parut en 1685, compléta les travaux législatifs de Louis XIV. Malgré la dureté de plusieurs dispositions du *code noir*, on ne peut y méconnaître une tendance à améliorer le sort des esclaves dans les colonies françaises. Louis XIV y manifeste, dès le début, sa sollicitude pour tous ses sujets : « Encore qu'ils habitent des climats infiniment éloignés, nous leur sommes toujours présent, non-seulement par l'étendue de notre puissance, mais encore par la promptitude de notre application à les secourir dans leurs besoins. »

Louvois.—L'organisation militaire fut une des parties les plus importantes de l'administration sous le règne de Louis XIV. Dès 1662, il avait supprimé la charge de colonel-général de l'infanterie française, et en même temps il s'était attaché à relever l'infanterie, qui jusqu'alors était moins estimée que la cavalerie. « Je déclarai, dit-il dans ses Mémoires, que je ne donnerais plus d'emploi dans la cavalerie qu'à ceux qui auraient servi dans l'infanterie. » Afin de tenir tous les corps en haleine, le roi passa de fréquentes revues. Mais ce fut surtout après l'entrée de Louvois au ministère que l'organisation de l'armée fit de rapides progrès. Il fut associé, en 1666, à son père Michel Le Tellier, qui depuis longues années avait le département de la guerre. Louvois était, suivant l'historien Vittorio Siri, *le plus grand et le plus brutal des commis*. Saint-Simon a dit, dans le même sens, que c'était le ministre le plus éminent pour les projets et pour les exécutions, et le plus funeste pour diriger en premier. Il porta dans l'administration un caractère ardent et un zèle impétueux, stimulés par l'ambition et soutenus par une infatigable activité. Centralisation et amélioration de toutes les parties du service militaire, telles furent les deux pensées qui dirigèrent Louvois et qu'il parvint à réaliser. Tout fut subordonné au roi et à son ministre. Les divers régiments, qui portaient antérieurement les couleurs de leur colonel, furent assujettis à l'uniforme. Des inspecteurs spéciaux imposèrent les volontés du pouvoir central à tous les corps d'armée dispersés dans les provinces et surveillèrent

la conduite des chefs et la tenue des troupes. Ils étaient perpétuel-
lement changés dans la crainte qu'ils ne prissent trop d'autorité.
Tous les officiers, maréchaux de France, lieutenants généraux, bri-
gadiers généraux de brigades créés en 1668, colonels, relevèrent
de la direction centrale ; aucune autorité ne s'interposa, comme par
le passé, entre le roi et l'armée. Cette organisation eut dans la
suite des inconvénients : elle fit souvent dépendre le sort d'une
campagne, d'un ministre et de ses commis. Rien ne fut plus funeste,
lorsque l'autorité tomba aux mains d'un Chamillart, qui se croyait le
génie de Louvois, parce qu'il avait sa puissance. Mais, dans les premières années de l'administration de Louvois, la vigueur de la
centralisation produisit d'excellents résultats. La discipline la plus
sévère remplaça l'ancienne licence des armées. Peine de mort pro-
noncée contre les déserteurs, défense de s'écarter des garnisons,
répression énergique des désordres, fixation précise de ce que pouvaient exiger les troupes en marche, prescriptions minutieuses sur
l'ordre des campements, sur le matériel et les approvisionnements
militaires, rien ne fut négligé pour établir la régularité la plus parfaite, protéger les bourgeois et les paysans contre les violences de
la soldatesque et contribuer au bien-être des troupes. Un ennemi
déclaré de Louvois, Saint-Simon, n'hésite pas à reconnaître et à
proclamer l'habileté de ce ministre pour l'organisation et l'entretien
de l'armée. « Il distribuait, dit-il, les troupes avec grande connaissance, suivant leurs besoins, en des lieux où le soldat gagnait
sa vie et le cavalier se raccommodait. Il avait la même attention et
les mêmes ménagements pour les officiers, qu'il rétablissait de même
par les avantages des postes ou des quartiers d'hiver. C'est ce qu'il
réglait lui-même et sans y paraître le moins du monde que par des
ordres secrets aux intendants. Il avait l'œil attentif à une exécution
précise. »

La noblesse, trop longtemps accoutumée à obtenir d'emblée les
dignités militaires, apprit à obéir avant de commander. Des écoles
de *cadets* la préparèrent au métier de la guerre. Saint-Simon critique cette institution, et on voit par ses Mémoires que la noblesse
ne se soumit pas sans peine à cette éducation militaire ; mais, aux
yeux de la postérité, les mesures que nous venons de rappeler sont
un des principaux mérites de l'administration de Louvois. L'avancement militaire fut aussi assujetti à des règles invariables. L'ancien-
neté, ou, comme on disait alors, l'*ordre du tableau*, l'emporta sur la
naissance. La noblesse, soumise à des épreuves sérieuses et à un

avancement régulièrement déterminé, fut tenue dans une stricte dépendance. Louvois ne toléra plus la négligence de ces colonels de cour, qui connaissaient à peine le régiment acheté en leur nom. Mais en même temps la carrière des armes était plus que jamais honorée, et la fondation de l'hôtel des Invalides (1671) ouvrait un magnifique asile aux soldats mutilés. Toutes les armes étaient perfectionnées sous l'administration vigilante de Louvois. La baïonnette placée à l'extrémité du fusil remplaça la pique, dont l'usage avait été conservé jusqu'à cette époque dans les corps d'infanterie. Chaque régiment eut ses compagnies d'élite. Les haras assurèrent la remonte de la cavalerie ; des escadrons de cuirassiers et de grenadiers à cheval furent établis. Le corps des dragons fut augmenté et placé sous les ordres d'un colonel-général. La France emprunta aux étrangers le nom et l'arme des hussards. Des écoles d'artillerie furent fondées à Douai, à Metz et à Strasbourg. Le régiment d'artillerie se remplit bientôt d'officiers presque tous capables de conduire un siége. Si l'on ajoute que la France comptait alors parmi ses généraux Turenne et Condé, déjà illustrés par de glorieuses campagnes ; Vauban, qui construisit ou répara cent cinquante places fortes, et organisa le corps des ingénieurs, on aura une idée des ressources préparées pour les conquêtes que méditait Louis XIV. La mort de son beau-père Philippe IV (1665) lui fournit bientôt l'occasion d'expéditions utiles et glorieuses.

Conquête de la Flandre ; traité d'Aix-la-Chapelle (1668). Le roi d'Espagne laissait la couronne à son fils Charles II, né d'un second mariage. Louis XIV, qui avait épousé Marie-Thérèse, sœur aînée de Charles II, prétendit que les Pays-Bas espagnols (Belgique) devaient lui revenir en vertu du *droit de dévolution*. On appelait ainsi un droit particulier à la Flandre qui, dans les successions privées, donnait la préférence aux filles nées d'un premier mariage sur les fils du second lit. Vainement on objecta que le *droit de dévolution* ne pouvait s'appliquer à la couronne et ne concernait que les héritages des particuliers : Louis XIV, qui songeait dès cette époque au partage de la monarchie d'Espagne, comme le prouvent ses négociations avec l'empereur Léopold, entra en Flandre (1667) à la tête de trente-cinq mille hommes. Turenne commandait sous ses ordres. Colbert et Louvois avaient préparé toutes les ressources financières et militaires avec une prévoyance et un zèle que stimulaient l'ambition et la jalousie déjà excitée entre ces ministres. Cette campagne ne fut qu'une marche triomphale. Il suffit à Louis XIV de se présenter devant les places, Charleroi, Ath, Tournai, Furnes, Armentières, Courtrai ouvrirent immédiatement leurs portes (juin 1667). Donai et Lille n'opposèrent pas une sérieuse résistance. Lille, la ville la plus florissante de ces pays, la seule bien fortifiée et qui avait une garnison de six mille hommes, capitula après neuf jours de siège (25 août 1667). Vauban fortifia cette place, en construisit la citadelle et fit de Lille une des forteresses les plus redoutables de la France. Il était d'usage à cette époque de suspendre les hostilités pendant l'hiver, et Louis XIV revint de Flandre jouir des acclamations des peuples, des adorations des courtisans et des fêtes qu'il donna à Saint-Germain.

On était plongé dans ces divertissements, lorsqu'au cœur de l'hiver (1668, Louis XIV, après avoir concentré ses troupes en Bourgogne, attaqua la Franche-Comté, qui appartenait à l'Espagne. Il partit de Saint-Germain le 2 février et arriva le 8 à Dijon, pendant que le grand Condé, à la tête de vingt mille hommes, entrait en Franche-Comté. Besançon, Salins, Dôle, Gray, en un mot toute la Franche-Comté, fut conquise en moins de vingt jours. Le 22 février, le roi était de retour à Saint-Germain. On prétend que le conseil d'Espagne, indigné du peu de résistance opposé aux Français, écrivait à cette occasion : « Le roi de France aurait dû envoyer ses laquais prendre possession de ce pays, au lieu d'y aller en personne. » La rapidité des conquêtes de Louis XIV effraya les puissances voisines ; les Hollandais surtout s'inquiétèrent des projets ambitieux de ce monarque et formèrent une coalition avec la Suède et l'Angleterre pour s'y opposer. Charles II fut entraîné par son parlement, et la Suède par le sénat qui dominait pendant la minorité de Charles XI. Cette coalition, désignée sous le nom de *Triple alliance* (1668), décida Louis XIV à conclure la paix d'Aix-la-Chapelle (2 mai 1668) ; il rendit à l'Espagne la Franche-Comté ; mais il garda la Flandre, et principalement les villes de Charleroi, Binch, Ath, Douai, Tournai, Oudenarde ou Audenarde, Lille, Armentières, Courtrai, Bergues et Furnes, avec leur territoire.

Louis XIV attribua aux Hollandais l'obstacle qui avait arrêté sa marche victorieuse, et il résolut de s'en venger. Pendant qu'il paraissait tout occupé de plaisirs et de fêtes, il détacha de la Hollande l'Angleterre et la Suède. Il envoya en Suède Arnauld de Pomponne, qui ramena Charles XI à l'ancienne et loyale alliance de la France. Sa belle-sœur, Henriette d'Angleterre, duchesse d'Orléans, passa en Angleterre, sous prétexte de visiter son frère Charles II ; ce prince royal se laissa aisément séduire par l'or de Louis XIV, et signa le traité de Douvres (1670), qui séparait l'Angleterre des ennemis de la France. Louis XIV, après avoir isolé la Hollande, lui déclara la guerre, en 1672. Les prétextes étaient futiles. Le roi se plaignait de pamphlets imprimés contre son autorité dans un pays où la presse était libre. Il avait été surtout blessé d'une médaille où le bourg-mestre d'Amsterdam, Van Beuningen, était représenté arrêtant le soleil, emblème de Louis XIV, avec cette légende : *In conspectu meo stetit sol* (le soleil s'est arrêté en ma présence). On prêtait au même bourgmestre des paroles qui avaient offensé le roi. « Je ne considère pas, aurait dit Van Beuningen, ce que veut le roi ; mais ce qu'il peut. »

N° 3.

Guerre de Hollande.—Conquête de la Franche-Comté.—Paix de Nimègue.—Chambre de réunion.—Révocation de l'édit de Nantes.

Guerre de Hollande. — La guerre de Hollande commença en 1672. Louis XIV s'avança vers le Rhin à la tête de plus de cent mille hommes ; il avait sous ses ordres Condé, Turenne, Luxembourg et Vauban. Le passage du Rhin, chanté par Boileau, présenta peu de difficultés et ne coûta que quelques hommes à la France. Les Provinces-Unies, découragées, cherchèrent à désarmer Louis XIV en lui offrant les conditions les plus avantageuses ; elles lui proposaient de lui abandonner Maestricht, Bois-le-Duc, Breda, Ravenstein et Berg-op-Zoom. Louvois fit rejeter ces conditions, et poussa les Hollandais à une résistance désespérée. Ils percèrent leurs digues, et Ruyter vint ranger sa flotte autour d'Amsterdam. En même temps la fureur du peuple éclata contre le grand pensionnaire, Jean de Witt, qui avait demandé la paix ; il fut égorgé avec son frère Corneille de Witt (1672). Tous deux montrèrent une constance admirable ; mais rien ne put arrêter une multitude furieuse. Au milieu de ces excès, la république des Provinces-Unies donna l'exemple d'une résolution héroïque. Les magistrats d'Amsterdam payèrent avec les trésors de la Banque les dettes de l'État, et résolurent, si le dernier rempart de la liberté était forcé, de partir pour Batavia. Le prince d'Orange, plus tard roi d'Angleterre sous le nom de Guillaume III, fut nommé stathouder, et prit les mesures nécessaires pour assurer l'indépendance des Provinces-Unies. Il forma, par ses négociations secrètes, une ligue formidable entre Louis XIV : l'empereur Léopold, l'électeur de Brandebourg, Frédéric-Guillaume, le roi d'Espagne Charles II et plusieurs autres princes entrèrent dans cette coalition. Louis XIV, qui ne pouvait plus faire de conquêtes dans un pays inondé, retourna en France, et bientôt après les troupes qu'il avait laissées en Hollande évacuèrent ce pays (1673).

Conquête de la Franche-Comté.—La France, menacée par la coalition de tant de souverains, leur opposa partout des généraux et des armées capables de protéger ses frontières. Pendant que Louis XIV s'emparait en personne de la Franche-Comté, Condé tenait tête aux Hollandais et aux Espagnols en Flandre, et Turenne portait la guerre en Allemagne. Condé, qui avait vingt mille hommes de moins que le prince d'Orange, eut la gloire de l'arrêter et de le vaincre, en 1674, à Senef (Hainaut). Ce fut la dernière grande bataille de Condé; elle termina glorieusement une carrière militaire illustrée par les victoires de Rocroy, de Fribourg, de Nordlingen et de Lens. Turenne, de son côté, s'illustrait dans le Palatinat et en Alsace. Il avait d'abord pris l'offensive et battu les ennemis à Sintzheim près de Heidelberg dans le Palatinat (1674). Mais l'arrivée du grand électeur, Frédéric-Guillaume, à la tête de dix-neuf mille hommes et du général impérial Bournonville qui en commandait plus de trente mille, força Turenne à repasser le Rhin; il fut obligé de se retirer derrière les Vosges, pendant que les Prussiens et les impériaux prenaient leurs quartiers d'hiver en Alsace. Ayant reçu quelques renforts, il entreprit au milieu de l'hiver une des campagnes les plus hardies et les plus glorieuses. Il rentra en Alsace par le col de Béfort (Haut-Rhin), surprit les ennemis dispersés, les battit près de Mulhouse et de Turckheim (Haut-Rhin), et les força de repasser le Rhin (1674). En même temps, le grand électeur était rappelé dans ses États par une invasion des Suédois alliés de Louis XIV (1675). Turenne, qui avait poursuivi les impériaux au delà du Rhin, n'avait plus devant lui que le général Montecuculli, son digne adversaire. Les dispositions de Turenne étaient prises pour une brillante campagne, lorsqu'un coup de canon tiré au hasard l'emporta, le 27 juillet 1674, à Salzbach (duché de Bade). La mort de ce grand homme changea complétement la situation des affaires. L'armée française repassa le Rhin, et Condé, envoyé en toute hâte pour en prendre le commandement, ne put que se tenir sur la défensive et protéger l'Alsace. Bientôt après il se retira à Chantilly et ne prit plus part aux opérations militaires. Cependant la France, privée de ces deux généraux, continua ses succès. Les villes de Condé, de Bouchain, Valenciennes, Saint-Omer furent prises (1676-1677). La victoire du duc d'Orléans, frère de Louis XIV, à Cassel (1677), ouvrit aux Français la Belgique, où ils s'emparèrent d'Ypres, d'Oudenarde et de Gand (1678). La guerre maritime ne fut pas moins glorieuse.

Colbert et son fils Seignelay avaient donné à la France une marine militaire ; Duquesne lui assura l'empire de la mer, pendant que Turenne et Condé triomphaient sur terre. Abraham Duquesne, né à Dieppe en 1610, avait pris part aux expéditions maritimes de l'époque de Richelieu, et après sa mort avait commandé les flottes de la Suède. La guerre contre la Hollande et l'Espagne lui fournit une occasion de se signaler par de nouveaux services rendus à sa patrie. Il fut chargé par Louis XIV de soutenir les habitants de Messine qui s'étaient révoltés contre l'Espagne et reçut, en 1676, le titre de lieutenant général. Il avait pour adversaire le célèbre amiral hollandais Ruyter, sur lequel il remporta plusieurs avantages. Vainqueur dans une première rencontre aux îles Lipari, il gagna une bataille décisive près de Catane. Ruyter fut mortellement blessé dans l'action. La flotte espagnole fut détruite dans un troisième combat. Les succès de Duquesne et les avantages obtenus sur terre par les armées françaises déterminèrent les puissances coalisées à signer la paix de Nimègue (1678). La France conservait la Franche-Comté et la Flandre. L'Allemagne lui livrait Fribourg en Brisgau (duché de Bade) qui lui assurait le passage de la forêt Noire. La Hollande recouvrait toutes ses possessions, ainsi que l'allié de Louis XIV, le roi de Suède, dont les États avaient été envahis par l'électeur de Brandebourg et par le roi de Danemark.

C'est surtout pendant la guerre de Hollande que l'influence de Louvois devint prépondérante et que, pour le malheur de la France, elle l'emporta sur celle de Colbert. Dès l'origine, ces deux ministres avaient été rivaux de puissance ; mais leur jalousie s'était d'abord manifestée par une émulation de zèle et d'activité. Louis XIV tenait entre eux la balance égale. S'il donnait au frère de Louvois la dignité d'archevêque-duc de Reims et à son père Michel Le Tellier celle de chancelier de France, il accordait à Seignelay, fils de Colbert, la direction de la marine et à Colbert de Croissy, frère du contrôleur général, le ministère des affaires étrangères. Ainsi Colbert, en possession de plusieurs ministères par lui-même ou par sa famille, soutenu par ses deux gendres les ducs de Chevreuse et de Beauvilliers, qui avaient un grand crédit dans les conseils de Louis XIV, balança longtemps la faveur de Louvois. Quoique son influence eût diminué dans ses dernières années, et que ses services ne fussent pas récompensés comme ils l'auraient mérité, il conserva un pouvoir considérable jusqu'à sa mort, en 1683. Louvois, délivré de ce rival, disposa de toute l'autorité : il fit donner les finances à Claude Le Pelletier, homme honnête, mais fort court de génie, dit Saint-Simon, et dont le principal mérite était un dévouement absolu à la famille Le Tellier. Louvois s'empara des postes, dont le secret fut odieusement violé. La direction des bâtiments publics, qui des mains de Colbert passa dans les siennes, lui fut encore un moyen de flatter et de gouverner Louis XIV ; il excita la passion du roi pour de somptueux monuments, et le précipita dans de folles et ruineuses dépenses. Par jalousie contre Seignelay, il enleva à la marine l'argent nécessaire pour ce service et l'engloutit dans des fêtes somptueuses dont il avait la direction. Mais ce qu'il y eut de plus funeste, c'est qu'afin de se rendre nécessaire il alluma de nouvelles guerres.

Chambres de réunion. — Aussitôt après la paix de Nimègue, Louvois avait fait établir les chambres de réunion de Metz, de Besançon et de Brisach, qui, en s'appuyant sur d'anciens droits féodaux, s'emparèrent de plusieurs États. La chambre de Metz adjugea au roi le comté de Vaudemont, Deux-Ponts, Saarbrück, Saarwerden, Saarbourg, Hombourg, Salm et une partie du duché du Luxembourg ; celle de Besançon, le comté de Montbéliard, qui appartenait à la maison de Würtemberg ; enfin celle de Brisach, l'Alsace inférieure, Wissembourg et Strasbourg. Louvois alla en personne prendre possession (1681) de Strasbourg, dont l'acquisition était d'une haute importance : en même temps les flottes françaises bombardaient Alger et Gênes. Le doge de cette dernière ville était forcé de venir s'humilier devant Louis XIV (1683). Huningue, construite à la porte de la Suisse, pouvait lancer ses boulets jusque dans Bâle. L'Allemagne, dépouillée en pleine paix, fit retentir l'Europe entière de ses plaintes et forma la ligue d'Augsbourg avec le prince d'Orange et la république des Provinces-Unies (1686). Louis XIV pouvait braver leurs efforts, tant qu'il était sûr de l'Angleterre : mais cette alliance ne tarda pas à lui manquer.

Révocation de l'édit de Nantes (1685). — Parmi les causes qui amenèrent la rupture entre la France et l'Angleterre, une des principales fut la révocation de l'édit de Nantes et la persécution dirigée contre les protestants. Les calvinistes avaient cessé depuis longtemps de former un parti politique ; ils s'occupaient principalement d'industrie et de commerce : aussi Colbert les avait-il constamment protégés. Leur nombre d'ailleurs diminuait progressivement, et l'on pouvait espérer de les ramener par la persuasion, lorsque la persécution vint ranimer les querelles religieuses et provoquer des guerres civiles. Louvois crut affermir sa puissance par la conversion des protestants, et il la pressa avec l'impétuosité de son ambition et la dureté de son caractère. Les *missions bottées* ou dragonnades furent l'œuvre de ce ministre. Du reste, il faut reconnaître qu'à cette époque l'opinion publique, manifestée par les plus puissants génies, applaudissait à une mesure que l'on regardait comme utile et nationale. Mme de Sévigné et La Bruyère approuvèrent aussi bien que Bossuet et Fléchier la révocation de l'édit de Nantes. On voyait dans les protestants des ennemis de la France, toujours disposés à s'appuyer sur la Hollande ou l'Angleterre pour fomenter les troubles dans l'intérieur du royaume. Louis XIV ne fit que partager l'opinion de son temps, lorsqu'en 1685 il révoqua les priviléges consacrés par l'édit de Nantes. Mais on vit bientôt les funestes conséquences de cette mesure : les protestants allèrent porter à l'étranger leur industrie et leurs richesses et excitèrent par leurs plaintes une indignation générale contre le roi de France. La Hollande, l'Angleterre, la Prusse et beaucoup d'autres contrées s'enrichirent des dépouilles de la France, et se préparèrent à combattre avec d'autant plus d'énergie l'ambition de Louis XIV que la liberté de conscience était intéressée dans cette lutte.

N° 4.

Révolution de 1688 en Angleterre.—Guillaume III.—Coalition contre Louis XIV.—Paix de Ryswick.

Révolution de 1688 en Angleterre.—Louis XIV se croyait toujours maître de l'Angleterre, dont le roi Jacques II recevait de lui une pension, comme antérieurement son frère Charles II. La politique de Louis XIV à l'égard de l'Angleterre avait été constamment d'y entretenir des divisions et d'annuler son influence en mettant en opposition les rois et les parlements. C'est ce qui résulte avec la dernière évidence de la correspondance des ambassadeurs français en Angleterre. On voit qu'ils excitaient et souvent même payaient

les chefs de l'opposition parlementaire pour résister aux Stuarts,
pendant que Louis XIV fournissait des subsides au roi pour le mettre
en état de lutter contre le parlement. Cette politique avait réussi à
paralyser les efforts de l'Angleterre et à la tenir dans la dépendance
de la France; mais il arriva enfin un moment où la conduite des
Stuarts révolta la nation, et la révolution de 1688, en les renversant
du trône, affranchit l'Angleterre du joug de la France. Jacques II,
qui avait succédé en 1685 à son frère Charles II, était catholique,
et cette circonstance seule excitait vivement le mécontentement de
la nation. Jacques voulut d'abord rassurer les protestants, qui
voyaient avec inquiétude l'avénement d'un catholique au trône
d'Angleterre. Il promit de respecter la religion dominante et conserva le ministère qui avait gouverné pendant les dernières années
de Charles II; aussi le premier parlement qu'il convoqua se montra-
t-il favorable à la royauté. Des impôts considérables furent votés
pour toute la vie de Jacques II, et des lois spéciales d'une grande
sévérité destinées à le protéger contre les conspirations. Jacques
redoutait surtout le duc de Monmouth, qui prit en effet les armes,
et tenta de s'emparer de l'Angleterre, pendant que le chef du clan
des Campbell, le duc d'Argyle, soulevait l'Écosse. Monmouth fut
vaincu au combat de Sedgemoor (1685), dans le comté de Somerset.
Argyle échoua également et fut décapité à Edimbourg, pendant que
Monmouth subissait le même sort à Londres. La victoire remportée
sur les conspirateurs affermit Jacques II, et il commença à manifester des projets dangereux pour les libertés anglaises. Il voulut avoir
à sa disposition une armée permanente; ce qui avait toujours été
refusé par les parlements aux rois d'Angleterre. Il s'entoura d'officiers catholiques, renvoya du ministère, en 1686, le duc de Rochester, qui ne paraissait pas assez dévoué à ses projets, et fit célébrer
publiquement les cérémonies de son culte dans le palais de White-
Hall. Alors le clergé anglican, qui était lié étroitement avec l'aristocratie anglaise, se jeta dans l'opposition.

Un des curés de Londres, le docteur Sharp, attaqua publiquement
le roi. L'évêque de Londres ayant refusé de l'interdire fut cité
devant un tribunal exceptionnel ou *commission ecclésiastique,* qui
avait pour mission de poursuivre tous les crimes et délits commis
contre la personne du roi par les membres des universités et des
corporations ecclésiastiques. L'évêque de Londres ne comparut pas
et fut suspendu de ses fonctions. En même temps Jacques II envoyait à Rome une ambassade solennelle pour réconcilier l'Angle-

terre avec le saint-siége. L'opposition, qui devenait chaque jour plus menaçante, fit un crime à ce prince des mesures les plus équitables, telles que la loi de tolérance absolue qu'il proposa en 1687. Les évêques anglicans, ayant à leur tête Sancroft, archevêque de Cantorbéry, présentèrent au parlement une pétition pour faire rejeter ce bill. Ils furent accusés devant la commission ecclésiastique et absous aux applaudissements de l'Angleterre. Ces procès politiques et religieux entretenaient l'agitation de l'opinion publique, et préparaient la crise de 1688. La naissance du prince de Galles contribua à la faire éclater. Les chefs de l'aristocratie, Halifax, Nottingham, Damby, étaient depuis longtemps en relation avec Guillaume de Nassau, prince d'Orange et stathouder de Hollande. Ils pressaient ce prince, qui avait épousé une fille de Jacques II, de se rendre en Angleterre. Guillaume, dont l'ambition était réglée par la prudence, attendit une occasion favorable. Lorsqu'il la crut arrivée, il démasqua ses projets et détrôna son beau-père.

Guillaume III.—Guillaume de Nassau, déjà illustre pour avoir défendu la Hollande contre Louis XIV, avait préparé une flotte sous prétexte de faire la guerre à la France. Il s'y embarqua avec seize mille hommes et se dirigea vers l'Angleterre. On lisait sur ses étendards ces mots : *Pour la religion protestante et la liberté anglaise.* La devise : *Je maintiendrai*, annonçait hautement le projet de garantir les priviléges religieux et politiques de l'Angleterre. Aussi Guillaume fut-il accueilli avec empressement par la plus grande partie de la nation, lorsqu'il débarqua à Torbay (5 novembre 1688). Jacques II ne tenta pas de défendre sa couronne. Tout lui manqua à la fois comme il se manqua à lui-même. Il comptait sur sa flotte; mais ses vaisseaux laissèrent passer ceux de son ennemi. Il pouvait au moins se défendre sur terre : il avait une armée de vingt mille hommes, et s'il les avait menés au combat sans leur donner le temps de la réflexion, il est à croire qu'ils eussent combattu; mais il leur laissa le loisir de se déterminer. Plusieurs officiers généraux l'abandonnèrent, entre autre ce fameux Churchill, aussi fatal depuis à Louis qu'à Jacques, et devenu illustre sous le nom de Marlborough. Il passa dans le camp de Guillaume de Nassau. Le prince de Danemark, gendre de Jacques, enfin sa propre fille, la princesse Anne, l'abandonnèrent. Alors, se voyant attaqué et poursuivi par un de ses gendres, trahi par l'autre; ayant contre lui ses deux filles, ses propres amis; haï des sujets mêmes qui soutenaient encore sa cause, il désespéra de sa fortune. La fuite, dernière ressource d'un

prince vaincu, fut le parti qu'il prit sans combattre. Après avoir été
arrêté dans sa fuite par la populace, maltraité par elle, reconduit
à Londres; après avoir reçu paisiblement les ordres du prince
d'Orange dans son propre palais; après avoir vu sa garde relevée,
sans coup férir, par celle de son gendre; chassé de sa maison, prisonnier à Rochester, il profita de la liberté qu'on lui donnait d'a-
bandonner son royaume, et alla chercher un asile en France.
Loui XIV l'y accueillit avec une magnifique hospitalité.

La révolution de 1688, accomplie avec tant de rapidité et de faci-
lité, marque l'époque de la vraie liberté en Angleterre. La nation,
représentée par son parlement, fixa les bornes si longtemps contes-
tées des droits du roi et de ceux du peuple. Guillaume, ayant accepté et ratifié ces conditions par la célèbre *Déclaration des droits*,
fut proclamé roi d'Angleterre, conjointement avec sa femme Marie,
fille du roi Jacques. La *Déclaration des droits* ne fut pas une constitution nouvelle, mais une simple confirmation des anciennes libertés
de l'Angleterre; elle reconnaissait au parlement le droit exclusif de
voter l'impôt et de veiller à l'exécution des lois. Les rois ne pouvaient avoir une armée en temps de paix sans vote de l'assemblée.
Les discussions étaient libres et l'indépendance des membres garan-
tie. Aucun tribunal exceptionnel ne pouvait être institué, et le jury
était seul chargé de prononcer sur la culpabilité des Anglais. Le
germe de toutes ces libertés se trouve déjà dans les anciennes
chartes anglaises. Il n'y eut qu'un développement naturel des priviléges nationaux sans secousse violente. Guillaume de Nassau, qui,
à partir de cette époque, fut désigné sous le nom de Guillaume III,
respecta la constitution anglaise; il appela au ministère les chefs de
l'ancienne opposition parlementaire, Halifax, Nottingham, Damby,
Churchill, etc., et gouverna avec fermeté et prudence. Quoique
l'élu de la nation, il eut souvent à lutter contre les inquiétudes et
la jalousie des parlements; tout-puissant en Hollande, il n'avait
qu'une autorité limitée en Angleterre. Aussi, disait-on de lui qu'il
était *roi de Hollande et stathouder d'Angleterre*. Quelques révoltes
eurent lieu en Écosse et en Irlande, mais elles furent aisément
comprimées. Guillaume s'affermit sur le trône en devenant le chef
des coalitions européennes contre Louis XIV, et en rendant à l'Angleterre le rôle glorieux qu'elle avait joué sous Élisabeth. Il persé-
véra dans cette politique jusqu'à sa mort (1702), et la reine Anne,
sa belle-sœur, qui régna après lui de 1702 à 1714, suivit la même
conduite. Pendant ces deux règnes, la prospérité de l'Angleterre

s'accrut rapidement. La création de la banque de Londres par Guillaume III contribua à faciliter les relations commerciales. En même temps la littérature anglaise, qui avait perdu tout caractère national sous les derniers Stuarts, redevint originale avec plus de pureté. Swift, Pope, Addison et beaucoup d'autres illustrèrent cette renaissance littéraire de l'Angleterre, à l'époque où Locke donnait une nouvelle direction aux études philosophiques et politiques.

Coalition contre Louis XIV. — La révolution d'Angleterre a exercé une grande influence sur la politique générale de l'Europe en faisant de Guillaume III le chef et l'âme des coalitions dirigées contre la France. Il arma contre Louis XIV l'empereur Léopold, le roi d'Espagne Charles II, le pape Innocent XI, le roi de Danemark et le duc de Savoie, Victor-Amédée, qui par différents motifs redoutaient Louis XIV et voulaient abaisser la France. Louis XIV, reconnaissant que le danger venait de l'Angleterre, porta les premiers coups de ce côté. L'Irlande catholique était dévouée à Jacques. Louis XIV lui donna une flotte et une armée pour débarquer dans ce pays (1689). Bientôt il lui envoya des renforts par l'amiral de Tourville, un des plus illustres successeurs de Duquesne, qui gagna la bataille navale de Dieppe (1690) sur les flottes anglaise et hollandaise réunies. Malheureusement Jacques, au lieu de profiter du dévouement des Irlandais et de l'enthousiasme que leur inspirèrent les premiers succès, perdit un temps précieux au siége de Londonderry et laissa Guillaume rassembler ses forces et passer en Irlande. Jacques, vaincu à la bataille de Drogheda ou de la Boyne (1690), fut obligé de quitter l'Irlande. Louis XIV ordonna à Tourville de faire une nouvelle tentative et d'attaquer les Anglais. Tourville n'avait que quarante-trois vaisseaux et la flotte ennemie en comptait près de cent (1691). Cependant, sur l'ordre exprès de Louis XIV, il lui livra la bataille de la Hogue (Manche). Il tint toute la journée l'ennemi en échec ; mais le nombre finit par l'emporter ; la flotte française fut en grande partie détruite, et l'Angleterre définitivement perdue pour Jacques II et pour Louis XIV. La mer cessa d'être le principal théâtre de la guerre, qui se fit principalement sur les bords du Rhin, en Belgique et en Italie.

Sur les bords du Rhin, Louvois avait fait dévaster le Palatinat avec une barbarie qui révolta l'Allemagne entière. Heidelberg, Manheim, Worms, Spire avaient été brûlés ; les tombeaux des électeurs violés et leurs cendres jetées au vent. Dans les Pays-Bas, le maréchal de Luxembourg s'illustra par les trois victoires de Fleu-

rus, de Steinkerque et de Nerwinden. Élève et ami du grand Condé,
le maréchal de Luxembourg avait comme lui une impétuosité qui
entraînait les armées et un coup d'œil rapide et sûr pour discerner
les mesures qui pouvaient assurer la victoire. En 1690, il battit le
prince de Waldeck et lui tua six mille hommes dans ces plaines de
Fleurus que devaient illustrer plusieurs triomphes des armées françaises. Louis XIV vint alors assister à la prise de Mons (1691) et de
Namur (1692). Luxembourg continua la conquête des Pays-Bas espagnols, que Guillaume III défendit avec courage et habileté. Peu s'en
fallut que Luxembourg ne fût vaincu à Steinkerque; il était malade,
et son armée fut surprise pendant le sommeil par les ennemis; mais
tout fut réparé par la présence d'esprit du général et par l'habileté
des officiers. Les Français triomphèrent encore à Steinkerque (1692)
et tuèrent sept mille hommes aux ennemis. Une troisième bataille
se livra en 1693, à Nerwinden près de Bruxelles. Le succès fut
disputé. Douze mille ennemis restèrent sur le champ de bataille;
mais Luxembourg y laissa huit mille des siens. Cependant les brillantes victoires de ce général produisirent peu de résultats. Guillaume III, comme son aïeul Guillaume le Taciturne, était malheureux dans les batailles, mais admirable dans les retraites. Il disputa
pied à pied les Pays-Bas à Luxembourg, et, après la mort de ce
grand général (1695), il reprit Namur et la plupart des villes conquises par les Français.

En Italie, le maréchal Catinat dirigea les opérations de l'armée
française. Aussi méthodique que Luxembourg était impétueux, il
gardait le calme d'un philosophe au milieu des combats. Il rappelait
Turenne comme Luxembourg rappelait Condé. En 1690, il gagna la
bataille de Staffarde près de Saluces et s'empara de toute la Savoie,
à l'exception de Montmélian. Louvois, qui ne trouvait pas Catinat
assez docile, lui écrivit après cette glorieuse expédition : « Quoique
vous ayez fort mal servi le roi pendant cette campagne, Sa Majesté
veut bien vous conserver votre gratification ordinaire. » Catinat
répondit par de nouveaux services. Il envahit le Piémont (1692) et
ne laissa à Victor-Amédée que la ville de Turin. Enfin, en 1693, la
victoire de la Marsaille mit le comble à sa gloire. Les succès de
Catinat déterminèrent Victor-Amédée à se détacher de la coalition.
Il signa un traité particulier avec Louis XIV à Turin (1696), recouvra ses États et maria une de ses filles au duc de Bourgogne, petit-
fils de Louis XIV. Le traité de Turin détermina les autres puissances
coalisées à signer la paix.

Paix de Ryswick (1697).—Les négociations furent entamées au château de Ryswick près de la Haye. Quoique la France eût obtenu des succès dans cette guerre, les conditions ne furent pas à son avantage : elle rendit à l'Espagne Luxembourg, Mons, Ath, Courtrai et reconnut pour roi légitime d'Angleterre Guillaume III, qu'elle avait jusqu'alors traité d'usurpateur et de tyran. Les terres confisquées en vertu des sentences rendues par les chambres de réunion furent restituées pour la plupart. L'empire recouvra Fribourg, Brisach, Kehl et Philippsbourg. Louis XIV se soumit à raser une partie des fortifications élevées par Vauban. Enfin le duc de Lorraine rentra dans ses États.

N° 5.

Guerre de la succession d'Espagne.—Traités d'Utrecht et de Rastadt.

Pour expliquer comment Louis XIV s'était résigné à un traité aussi désavantageux que la paix de Ryswick, on a prétendu qu'il songeait dès cette époque à la succession d'Espagne et se préparait à recueillir l'héritage du roi Charles II, dont la santé affaiblie annonçait la fin prochaine. En effet Charles II mourut peu de temps après (1700), laissant un testament qui instituait pour son héritier le duc d'Anjou, petit-fils de Louis XIV. Quelques années auparavant, les puissances qui prétendaient à la succession de la monarchie espagnole, la France et l'Autriche, avaient fait plusieurs projets de partage. Charles II, indigné que l'on songeât au démembrement de ses États, voulut les léguer tout entiers au prince qui était le plus capable de les défendre, et il les donna à Philippe d'Anjou. Le testament ne fut accepté qu'à la suite d'une discussion solennelle, dans laquelle Louis XIV écouta les avis de ses conseillers sans se prononcer. Après avoir pesé les raisons de part et d'autre, il proclama l'acceptation, et, en prenant congé de son petit-fils, lui adressa les mots célèbres : *Adieu, mon fils ; il n'y a plus de Pyrénées.*

Guerre de la succession d'Espagne (1701-1713).—Accepter la succession d'Espagne c'était provoquer une coalition de l'Europe, qui ne pouvait voir sans inquiétude les Pays-Bas, le Milanais, le royaume des Deux-Siciles, l'Espagne entière et ses colonies passer à un petit-fils de Louis XIV. Cependant Philippe V fut d'abord proclamé à Bruxelles, à Milan et à Naples, aussi bien qu'à Madrid, et reconnu par la plupart des puissances de l'Europe. L'Autriche seule prit immédiatement les armes pour soutenir les droits de l'archiduc Charles, et déclara la guerre à Louis XIV ; mais l'empereur Léopold était alors menacé par une révolte des Hongrois, et l'Allemagne était agitée par la création d'un neuvième électorat en faveur de la maison de Hanovre. Malheureusement Louis XIV, qui aurait dû chercher à entretenir les bonnes relations de la France avec les princes voisins, eut l'imprudence de les provoquer et de les jeter dans les intérêts de l'Autriche. Il réserva par des lettres patentes les droits de son petit-fils à la couronne de France, tandis qu'aux termes mêmes du testament de Charles II, les deux couronnes de France et d'Espagne devaient rester séparées. Il fit occuper les places des Pays-Bas espagnols par des garnisons françaises, et détermina ainsi la Hollande à prendre les armes contre la France. Enfin, en 1701, à la mort de Jacques II, il reconnut pour roi d'Angleterre son fils Jacques III, et provoqua Guillaume III, qui se mit aussitôt à la tête d'une nouvelle coalition contre la France. L'Angleterre, l'Autriche et la Hollande formèrent une première ligue, à laquelle accédèrent bientôt la Prusse, le Portugal et la Savoie.

La France eut d'abord l'avantage. Pendant que Catinat et Vendôme tenaient tête aux Autrichiens en Italie, Villars se signalait par de brillants succès en Allemagne. Il vainquit, en 1702, Louis de Bade à la journée de Friedlingen, près Bâle. Ses soldats, auxquels il inspirait sa confiance et son ardeur, le saluèrent maréchal de France sur le champ de bataille, et Louis XIV lui confirma cette dignité. Villars se rendit alors en Bavière, où il opéra sa jonction avec l'électeur, fidèle allié de Louis XIV. Ils vainquirent les impériaux à Hochstedt, près de Donawerth (1703) ; mais des dissensions s'étant élevées entre l'électeur et Villars, ce dernier fut rappelé et remplacé par Tallard et Marsin, qui ne soutinrent pas l'honneur des armes françaises. Les ennemis avaient, au contraire, à leur tête d'habiles généraux, l'Anglais Marlborough et le prince Eugène de Savoie. Le premier commandait les Anglo-Hollandais et avait la confiance du cabinet whig qui gouvernait sous la reine Anne ; le second disposait de toutes les forces militaires de l'Autriche. Ils attaquèrent Tallard et Marsin, en 1704, dans ces mêmes plaines d'Hochstedt où Villars avait battu les impériaux, et ils firent essuyer à ses successeurs une sanglante défaite. L'armée française eut douze mille morts et quatorze mille prisonniers ; elle perdit tout son canon, les tentes, es équipages et un nombre prodigieux d'étendards et de drapeaux. A la suite de ce désastre il fallut évacuer l'Allemagne. La guerre eut alors pour principaux théâtres la Belgique et l'Italie. Le maréchal de Villeroi, qui commandait l'armée de Flandre, fut battu en 1706 par Marlborough à Ramillies (Brabant méridional), et perdit près de vingt mille hommes. Louis XIV, qui aimait Villeroi, se borna, lorsqu'il le revit, à lui adresser ces paroles : « Monsieur le maréchal, on n'est pas heureux à notre âge. » Il appela d'Italie Vendôme pour réparer le désastre de Ramillies et prendre le commandement de l'armée de Belgique.

Vendôme était un des plus habiles généraux de cette époque ; arrière-petit-fils de Henri IV, il avait la bravoure et la vivacité de son aïeul ; il avait pris Barcelonne dans la guerre précédente (1695), et hâté par cet exploit la conclusion de la paix de Ryswick. Au commencement de la guerre de succession d'Espagne, il avait réparé en Italie les fautes de Villeroi, et deux fois balancé la fortune du prince Eugène. On reprochait à Vendôme sa mollesse et son imprévoyance ; mais sur le champ de bataille il retrouvait toutes ses qualités, la sûreté du coup d'œil et la promptitude de l'exécution. Après son départ, l'armée d'Italie, qui faisait le siége de Turin sous les ordres de Marsin, fut attaquée par le prince Eugène (1706) et complétement vaincue. Les Français furent alors chassés de l'Italie, comme antérieurement de l'Allemagne. La situation de l'Espagne n'était pas plus favorable ; les Anglais s'y étaient emparés de Gibraltar. L'archiduc Charles s'était rendu maître de la Catalogne et de l'Aragon ; il avait été proclamé à Madrid (1706) pendant que Philippe V se retirait à Pampelune. Tout parut si désespéré pour ce prince, qu'il songea à se retirer dans les possessions espagnole d'Amérique.

Le maréchal de Berwick, fils naturel de Jacques II, releva sa fortune. Il gagna en 1707 la bataille d'Almanza, qui rendit le royaume de Valence à Philippe V. Après avoir rétabli les affaires d'Espagne, Berwick alla rejoindre Vendôme en Flandre, où il fut associé au commandement sous l'autorité supérieure du duc de Bourgogne, petit-fils de Louis XIV. Les généraux n'étaient pas d'accord, et ils avaient en tête Eugène et Marlborough ; aussi la campagne fut-elle malheureuse. Les Français furent battus à Oudenarde (1708), et se replièrent sur Lille, qui fut assiégée par les impériaux. Le maréchal de Boufflers défendit cette place avec un courage héroïque ; mais il fut enfin contraint de capituler.

La France, épuisée d'hommes et d'argent, menacée sur ses frontières, eut encore à souffrir d'une famine pendant l'hiver désastreux de 1709. Louis XIV demanda vainement la paix : les ennemis, enflés de leurs succès et fiers d'humilier le grand roi, voulurent lui imposer des conditions inacceptables. Ils demandaient, entre autres choses, que Louis XIV détrônât lui-même son petit-fils. « S'il faut faire la guerre, répondit le roi ; j'aime mieux la faire à mes ennemis qu'à mes enfants. » Il adressa en même temps un appel à la nation, qui se montra digne de la magnanimité de son roi. Villars, qui prit le commandement de l'armée du Nord, arrêta les ennemis, en 1709, à la journée meurtrière et indécise de Malplaquet (département du Nord). Une blessure força Villars de quitter le champ de bataille, qui était jonché de près de trente mille morts ou mourants. A partir de cette époque, plusieurs circonstances relevèrent la France, qui était dans une position presque désespérée. Le maréchal de Vendôme remporta en Espagne, à Villa-Viciosa (1710), une victoire éclatante, et fit coucher Philippe V sur un lit de drapeaux. Vers le même temps, les whigs perdirent le pouvoir en Angleterre, et Marlborough, qui tenait à cette faction, fut rappelé. Le parti des tories, qui parvint au pouvoir, désirait la paix, et travailla à la préparer. L'Angleterre avait voulu abaisser la France et non la détruire. Elle craignait que l'Autriche ne devînt trop puissante et ne renouvelât la monarchie de Charles-Quint. En effet, en 1711, l'empereur Joseph étant mort, son frère, Charles VI, fut élu en sa place. S'il eût réuni la couronne d'Espagne, les Deux-Siciles, le Milanais, la Belgique, aux possessions héréditaires de l'Autriche en Allemagne, il eût menacé l'équilibre européen. La Hollande, dirigée par le grand pensionnaire Heinsius, et l'Angleterre par les tories, cessèrent de soutenir les prétentions de l'Autriche et écoutèrent les propositions de Louis XIV. Enfin la victoire de Denain, remportée par Villars sur le prince Eugène (24 juillet 1712), détermina la conclusion de la paix.

Traités d'Utrecht et de Rastadt (1713 et 1714). — La paix fut d'abord signée à Utrecht (1713), entre la France, l'Espagne, l'Angleterre et la Hollande. L'année suivante, l'Autriche, à laquelle Villars avait fait essuyer de nouveaux revers, conclut le traité de Rastadt. La France abandonnait Terre-Neuve et l'Acadie aux Anglais, et s'engageait à combler le port de Dunkerque. Philippe V gardait l'Espagne et ses colonies ; mais il abandonnait Gibraltar aux Anglais, ainsi que l'île de Minorque. L'Autriche obtenait la Belgique, le Milanais, Naples et la Sardaigne. Victor-Amédée eut la Sicile avec le titre de roi. On reconnaissait dans ces traités, qui réglèrent la situation politique de la plupart des États, le royaume de Prusse nouvellement établi, le neuvième électorat institué en Allemagne en faveur de la maison de Hanovre, et les droits de cette maison à la succession d'Angleterre. Louis XIV ne survécut pas longtemps aux traités d'Utrecht et de Rastadt; il avait vu descendre au tombeau presque tous les hommes qui avaient fait la gloire de son règne. Sa famille elle-même avait été cruellement frappée : son fils, le grand dauphin, deux de ses petits-fils, les ducs de Bourgogne et de Berry, la duchesse de Bourgogne, qui charmait par son esprit et sa grâce cette cour vieillie et attristée, le duc de Bretagne, arrière-petit-fils de Louis XIV, avaient été enlevés en peu de temps. Le roi, qui avait supporté tous ces malheurs avec fermeté, ne voyait plus près de lui qu'un enfant de quatre ans, d'une santé débile. La France était menacée d'une minorité, pendant laquelle la régence reviendrait au duc d'Orléans, prince doué de qualités brillantes, mais sans religion, sans mœurs, vrai représentant de cette société frivole et licencieuse qui déjà remplaçait le grand siècle. Louis XIV voulut limiter une autorité dont le duc d'Orléans aurait pu abuser, et il institua par son testament un conseil de régence. Il mourut l'année suivante (1er septembre 1715), après avoir adressé de sages conseils à l'enfant qui allait lui succéder. « Ne m'imitez pas, lui dit-il, dans le goût que j'ai eu pour les bâtiments et pour la guerre : c'est la ruine des peuples. »

Nº 6.

Caractère général du gouvernement et de l'administration de Louis XIV.—Institutions et fondations de ce règne.

Caractère général du gouvernement et de l'administration de Louis XIV.—Le gouvernement de Louis XIV eut pour résultat d'abaisser toutes les classes de la nation devant l'autorité royale et de ne laisser subsister en France qu'une seule volonté. Pendant longtemps la noblesse avait opposé ses priviléges à la puissance monarchique; Louis XIV en fit une parure de la royauté. Il lui laissa les gouvernements des grandes provinces, mais en exigeant que les provisions des gouverneurs fussent renouvelées tous les trois ans. D'ailleurs les intendants, qu'il plaçait à côté des gouverneurs pour les surveiller, étaient les agents directs de la royauté et faisaient partout exécuter ses ordres. Enchaînée par les pompes et les plaisirs de Versailles, la noblesse oublia entièrement son ancienne indépendance. Il en fut de même des parlements; ils avaient troublé par leurs cabales la minorité de Louis XIV; ils en furent punis par le silence que le roi leur imposa en 1665. Il limita même le droit de remontrance à tel point que ce ne fut qu'une formalité qui devait toujours être précédée de l'enregistrement. On a souvent répété une anecdote douteuse, mais qui, peignant l'esprit de cette époque, ne doit pas être entièrement oubliée. Louis XIV aurait répondu au premier président, qui parlait de l'intérêt de l'État : *L'État, c'est moi!* Si Louis XIV n'a pas prononcé ce mot, on peut du moins assurer qu'il résume sa pensée.

Le clergé de cette époque a été à la fois le plus national et le plus brillant par les vertus et les talents. Il suffit de citer les noms de Bossuet, Fénelon, Bourdaloue, Massillon, Fléchier, Arnauld, Nicolle, pour rappeler le génie le plus éminent s'unissant à la vertu la plus pure. Le clergé se montra en même temps dévoué au roi, et il déclara, en 1682, que le pouvoir temporel devait être à l'abri des atteintes et des empiétements du pouvoir spirituel. Les quatre propositions émanées de l'assemblée du clergé sont restées célèbres; elles déclaraient que les conciles œcuméniques étaient au-dessus du pape ; que les décisions des papes ne devenaient articles de foi que lorsqu'elles étaient approuvées par la majorité des évêques; enfin que les rois ne pouvaient jamais être déposés par les papes. Cette déclaration du clergé fut provoquée et défendue par Bossuet, qui était alors l'organe le plus illustre de l'Église gallicane.

Institutions et fondations de ce règne. — Parmi les moyens dont se servit Louis XIV pour consolider son gouvernement, on ne doit pas oublier la police. Ce fut en 1667 que fut institué le premier lieutenant de police, La Reynie. Son rôle ne se borna pas à veiller à la sûreté de Paris et à prévenir ou réprimer les attentats contre les propriétés et les personnes, il réalisa plusieurs améliorations d'une haute importance; la ville fut éclairée par cinq mille fanaux, et bientôt cette innovation s'étendit à toutes les cités considérables de la France. Louis XIV lui-même s'en félicitait dans le préambule d'une de ses ordonnances. « De tous les établissements, disait-il, qui ont été faits dans notre bonne ville de Paris, il n'y en a aucun dont l'utilité soit plus sensible et mieux reconnue que celui des lanternes qui éclairent toutes les rues, et comme nous ne nous croyons pas moins obligés de pourvoir à la sûreté et à la commodité des autres villes de notre royaume qu'à celles de la capitale, nous avons résolu d'y faire le même établissement et de leur fournir les moyens de le soutenir à perpétuité. » La Reynie fit paver toutes les rues, et prit des mesures efficaces pour en assurer la propreté. De nouveaux quais furent construits, les anciens réparés.

Les armées permanentes, qui dataient du XVe siècle, furent portées, à l'époque de Louis XIV, à un chiffre qu'elles n'avaient jamais atteint antérieurement. Sans insister longuement sur l'organisation militaire dont il a déjà été question, il suffira de rappeler que, dès 1672, Louis XIV avait cent quatre-vingt mille hommes de troupes réglées, et, qu'augmentant ses forces à mesure que le nombre et la puissance de ses ennemis augmentaient, il eut enfin jusqu'à quatre cent cinquante mille hommes en armes, en comptant les troupes de la marine. Avant lui on n'avait point vu de si fortes armées. Ses ennemis lui en opposèrent à peine d'aussi considérables ; mais il fallait qu'ils fussent réunis. Il montra ce que la France seule pouvait, et il eut toujours ou de grands succès, ou de grandes ressources. Il fut le premier qui, en temps de paix, donna une image et une leçon complète de la guerre. Il assembla à Compiègne soixante-dix mille hommes en 1698. On y fit toutes les opérations d'une campagne. C'était pour l'instruction de ses trois petits-fils. Le luxe fit une fête somptueuse de cette école militaire. Ajoutez que la France avait alors à la tête de ses armées Turenne et Condé, Catinat et Luxembourg, Villars et Vendôme. Vauban mérita d'être mis au même rang que ces grands généraux : il construisit ou répara cent cinquante places fortes, et organisa le corps des ingénieurs. L'institution de l'ordre militaire de Saint-Louis fut un encouragement pour l'armée. Enfin c'est de ce règne que datent plusieurs des institutions qui ont le plus contribué à perfectionner le service militaire.

Un munitionnaire ou commissaire général des vivres, était chargé, moyennant un prix déterminé, de fournir des vivres aux armées en campagne. Il traitait avec les boulangers et autres marchands, ainsi qu'avec les voituriers et artisans. Il avait, sous ses ordres, plusieurs commis et établissait des magasins dans les villes situées à peu de de distance du lieu où devaient opérer les armées. Le commissaire général des vivres était subordonné au général et obligé de suivre ses prescriptions. En campagne, les distributions de pain avaient lieu d'après un règlement arrêté par le général. Dans les marches, le soldat portait du pain pour trois ou quatre jours; afin de pouvoir attendre les caissons et charrettes qui suivaient l'armée et avaient des provisions au moins pour huit jours. On ne fournissait gratuitement aux soldats que la quantité de pain fixée par le général et une livre de viande pour trois jours. La cavalerie avait droit au fourrage pendant les campagnes d'hiver. Le luxe de la table des officiers-généraux, qui avait souvent entravé la marche des armées, fut prohibé : il leur était interdit d'avoir plus de trois services, deux de viande et un de fruit.

Les hôpitaux militaires furent aussi fondés à cette époque. Une ambulance était établie au camp pour donner les premiers soins aux blessés et un hôpital dans la ville la plus voisine, où étaient réunis des magasins de vivres et de munitions de guerre. Un directeur, des médecins, chirurgiens, apothicaires, cuisiniers et autres gens de service, étaient attachés aux divers hôpitaux militaires. Tous étaient subordonnés à l'autorité d'un commissaire général des guerres, dont les fonctions répondaient à celles des intendants militaires dans l'organisation moderne de l'armée.

L'architecture fut un des arts cultivés avec le plus d'éclat sous un roi qui avait la passion des grands monuments. Claude Perrault construisit, de 1666 à 1670, la colonnade du Louvre, immense péristyle, d'un caractère plein de grandeur et dont les colonnes cannelées portent jusqu'à une élévation prodigieuse leurs riches chapiteaux d'ordre corinthien. A partir de 1670, Louis XIV négligea le Louvre pour Versailles, et c'est seulement de nos jours qu'a été complétement achevé et réuni aux Tuileries, cet ancien palais des rois de France.

Le château de Versailles, qui eut les préférences de Louis XIV, et qui fut, jusqu'à la révolution de 1789, la résidence des rois, n'était dans l'origine qu'un rendez-vous de chasse. Les deux Mansard, secondés par les sculpteurs Girardon, Coysevox, Puget, Coustou, et par les peintres Lebrun, Mignard, Jouvenet, en ont fait un admirable palais. Louis XIV y engloutit des millions pour les bâtiments, les conduits d'eau, les bassins, etc. L'eau de la Seine y était apportée par des canaux qui aboutissaient à la machine de Marly. Les collines qui dominent cette partie de la Seine eurent aussi leur palais. Louis XIV y fit bâtir le château de Marly, où n'étaient admis que ses familiers intimes.

L'hôtel des Invalides fut un monument non moins magnifique et d'une véritable utilité. Le dôme, dont on admire la hardiesse, fut élevé par Jules-Hardouin Mansard, et dédié en 1706, par le cardinal de Noailles. François Mansard avait tracé le plan du Val-de-Grâce, dont la première pierre fut posée par Anne d'Autriche en 1645. Pierre le Muet, secondé par Gabriel Leduc et par Duval, termina les voûtes, les clochetons et le dôme, remarquables par leur élégance et leur originalité. La voûte de la nef, les arcs latéraux et les pendentifs ont été ornés de sculptures par Michel Anguier. L'Observatoire fut commencé en 1667 par les soins de Colbert et sous la direction de l'astronome Cassini, qu'il avait attiré d'Italie.

A l'imitation de Richelieu, qui avait fondé l'Académie française, Colbert conseilla à Louis XIV d'établir de nouvelles académies pour les études scientifiques, les recherches d'érudition et la culture des arts. L'Académie des inscriptions et belles-lettres fut fondée dès 1663, et eut d'abord pour mission d'immortaliser par des médailles et des inscriptions la gloire de Louis XIV ; plus tard elle se livra à des études d'histoire ancienne et moderne et devint l'arbitre de l'érudition et de la critique historique. Elle fut réorganisée en 1701 et logée au Louvre, où Louis XIV avait déjà placé l'Académie française. Tous les Français qui s'étaient fait un nom dans les lettres reçurent des encouragements. Les étrangers illustres ne furent pas oubliés, et Louis XIV alla chercher les savants dans les contrées lointaines, Huyghens, Heineccius, Hevelius Viviani, Isaac Vossius et beaucoup d'autres en reçurent d'éclatants témoignages. La lettre de Colbert à Vossius est célèbre : « Quoique le roi ne soit pas votre souverain, il veut cependant être votre bienfaiteur, etc. » En 1666, Colbert fonda le *Journal des savants*.

Livrer au public les richesses intellectuelles entassées dans les bibliothèques était un des moyens les plus sûrs de développer le goût de l'étude. Le cardinal Mazarin, qui, par les soins de son bibliothécaire Gabriel Naudé, avait formé une des plus belles collections de livres et de manuscrits, voulut que le public pût en profiter. Son testament régla à perpétuité le service public de sa bibliothèque. Il la consacra « à la commodité et à la satisfaction des gens de lettres ; » ce sont les termes mêmes de son testament. La bibliothèque devait être ouverte deux fois par semaine à tous les gens de lettres, et il destina deux millions pour construire les bâtiments qui evaient la contenir et pour acheter de nouveaux livres. La Bibliothèque royale reçut par les soins de Colbert des agrandissements considérables, et devint une des plus riches bibliothèques de l'Europe.

N° 7.

Tableau des lettres, des sciences et des arts en France pendant le règne de Louis XIV.

Le xviie siècle n'a pas été moins fécond pour le progrès de l'esprit humain que pour les finances, l'art militaire et la législation. Mais il faut, en embrassant cette brillante époque d'un seul coup d'œil, distinguer plusieurs périodes : l'époque où brillèrent Corneille et Pascal est profondément différente de celle qui vit la gloire de Racine et de Boileau. Les dernières années de Louis XIV furent attristées par des attaques contre la politique qu'il avait fait prévaloir. Ainsi, on peut distinguer trois âges dans l'histoire littéraire comme dans l'histoire politique de ce règne. Le premier est surtout remarquable par la vigueur de l'inspiration et par l'élévation des esprits ; Corneille, Pascal, La Rochefoucault, le cardinal de Retz sont les plus illustres représentants de cette littérature. On y reconnaît la liberté et quelquefois même la licence de la Fronde ; le goût manque souvent de pureté. Molière, La Fontaine, madame de Sévigné, forment la transition entre la première et la seconde, où domine exclusivement l'influence de Louis XIV. Avec le gouvernement personnel du roi un nouvel âge a commencé : le goût s'est perfectionné ; les pensées d'ordre et de régularité prévalent dans la littérature comme dans le gouvernement. Racine, Boileau, Bossuet, La Bruyère, pour ne citer que les noms les plus illustres, sont pénétrés d'une admiration profonde pour ce règne glorieux qui élève la France au premier rang entre les nations. Poëtes et prosateurs rivalisent d'éloges. Mais lorsque les désastres de la guerre de succession d'Espagne eurent couvert la France de honte et de tristesse, l'opinion publique s'irrita contre un gouvernement dont on aperçut, en les exagérant, les vices et la tyrannie. La littérature tourna alors à la satire et au pamphlet : les écrits de Fénelon, de Fontenelle, de La Motte-Houdart, de J.-B. Rousseau et de Saint-Simon portent l'empreinte de cette disposition des esprits. Aux éloges excessifs et presque à l'apothéose du grand roi succède la critique le plus souvent déguisée, mais cependant très sensible, de l'esprit et des actes de son gouvernement. Toutefois, en signalant les variations du goût et de l'opinion publique pendant le règne de Louis XIV, on doit reconnaître qu'il s'accomplit alors un grand progrès dans les lettres, les sciences et les arts.

Tableau des lettres. — La prose française, quoique déjà perfectionnée par Balzac et Voiture, date réellement de l'époque de Louis XIV. Les *Provinciales* de Pascal, qui parurent en 1656, sont considérées comme notre premier chef-d'œuvre en prose. Les *Maximes* de La Rochefoucauld accoutumèrent à renfermer ses pensées dans un tour vif, précis et délicat. L'éloquence de la chaire s'éleva jusqu'au sublime. Quelques sermons et la plupart des oraisons funèbres de Bossuet sont cités comme des chefs-d'œuvre. Ce grand homme, orateur, historien, théologien, controversiste de premier ordre, domina ses contemporains, qui le regardaient comme un père de l'Église. Son *Discours sur l'histoire universelle* n'a eu ni modèle ni imitateurs. On y admire cette force majestueuse dont il décrit les mœurs, le gouvernement, l'accroissement et la chute des grands empires, et les traits rapides d'une vérité énergique dont il juge les nations. Bourdaloue étala dans la chaire une raison toujours éloquente. Il y a eu après lui d'autres orateurs chrétiens, qui, comme Massillon, ont répandu dans leurs discours plus de grâces, des peintures plus fines et plus élégantes des mœurs du siècle; mais aucun ne l'a fait oublier. Dans son style plus nerveux que fleuri, sans aucune imagination dans l'expression, il paraît vouloir plutôt convaincre que toucher, et jamais il ne songe à plaire.

L'histoire resta inférieure à l'éloquence. Si l'on excepte le *Discours sur l'histoire universelle*, qui appartient plutôt au genre oratoire qu'à l'histoire proprement dite, on ne trouve que des ouvrages d'un mérite secondaire. Mézeray a écrit l'*histoire de France* avec un talent fort inégal. L'énergie, qui donne de l'intérêt et de l'éclat à quelques passages de son ouvrage, ne se soutient pas; il manque d'ailleurs de science et d'impartialité. Daniel est plus savant, mais sans style. Saint-Réal a imité Salluste dans sa *Conjuration de Venise*, dont les détails sont romanesques. Si l'on voulait trouver les véritables œuvres historiques de cette époque, il faudrait les chercher dans les *Mémoires* du cardinal de Retz et de Saint-Simon. D'admirables portraits et des scènes décrites avec une verve saisissante donnent à ces ouvrages un mérite littéraire du premier ordre; mais l'ensemble laisse à désirer et d'ailleurs ils manquent des qualités indispensables à l'historien. Ce siècle est donc resté au-dessous de l'antiquité pour les œuvres historiques ; il n'a eu ni Tite-Live ni Tacite, mais il a créé des genres nouveaux. Les *Caractères* de La Bruyère peuvent être regardés comme une production d'une espèce unique, quoique Théophraste eût aussi composé un traité de morale sous le même titre. Le livre de La Bruyère se distingue surtout par un style rapide, concis, nerveux, par des expressions pittoresques et par un usage tout nouveau de la langue, dont cependant les règles sont respectées. Le *Télémaque* est aussi un ouvrage d'un genre inconnu à l'antiquité. Fénelon, le disciple, l'ami de Bossuet, et depuis devenu son rival et son adversaire, composa ce livre singulier, qui tient à la fois du roman et du poëme, et qui substitue une prose cadencée à la versification. Il a donné au roman une dignité et des charmes inconnus, et il a su tirer de ces fictions une morale utile au genre humain, morale entièrement négligée dans presque toutes les inventions fabuleuses. On crut voir dans le *Télémaque* une critique indirecte du gouvernement de Louis XIV. Sésostris, qui triomphait avec trop de faste ; Idoménée, qui établissait le luxe dans Salente et qui oubliait le nécessaire, parurent des portraits du roi ; mais Fénelon repoussa ces prétendues allusions comme une imputation calomnieuse.

Il est peu d'ouvrages qui aient plus de charmes et d'originalité que les Lettres de Madame de Sévigné. La Bruyère les a caractérisées, lorsqu'il parle du mérite des femmes dans le style épistolaire : « Elles trouvent sous leur plume des tours et des expressions qui souvent en nous ne sont l'effet que d'un long travail et d'une pénible recherche : elles sont heureuses dans le choix des termes, qu'elles placent si juste, que, tout connus qu'ils sont, ils ont le charme de la nouveauté, et semblent être faits seulement pour l'usage où elles les mettent. Il n'appartient qu'à elles de faire lire dans un seul mot tout un sentiment, et de rendre délicatement une pensée qui est délicate. Elles ont un enchaînement de discours inimitable qui se suit naturellement et qui n'est lié que par le sens. Si les femmes étaient toujours correctes, j'oserais dire que, quelques-unes d'entre elles seraient peut-être ce que nous avons dans notre langue de mieux écrit. » Il est impossible d'apprécier avec plus de vérité et de délicatesse le mérite de madame de Sévigné.

Jamais la poésie française n'a réuni dans une mesure plus parfaite le goût et l'inspiration. Corneille, Racine, Molière, La Fontaine et

3.

Boileau ont donné les modèles de la tragédie de la comédie, de la fable et de l'épître en vers. Corneille est au premier rang pour l'élévation des sentiments et l'énergique précision du style. Le *Cid*, *Horace*, *Cinna*, *Polyeucte* resteront comme un type sublime de beauté et d'héroïsme. Condé versait des larmes en entendant ces paroles d'Auguste :

> Je suis maître de moi comme de l'univers.
> Je le suis, je veux l'être ; etc.

Le grand Corneille faisant pleurer le grand Condé d'admiration est une époque bien célèbre dans l'histoire de l'esprit humain. Racine, par des qualités différentes, balança la réputation de Corneille. La connaissance du cœur humain, l'intelligence des passions, la douce harmonie de la poésie et les grâces de la parole ont été portées, dans ses tragédies, au plus haut point où elles puissent parvenir. Ces qualités brillent surtout dans *Andromaque*, *Britannicus*, *Iphigénie* et *Phèdre*. *Athalie* est un chef-d'œuvre à part, dont son siècle ne comprit pas l'admirable beauté. Corneille avait créé la comédie aussi bien que la tragédie. Le *Menteur*, emprunté, comme le *Cid*, au théâtre espagnol, est une comédie à la fois de caractère et d'intrigue. Mais Molière laissa loin derrière lui tous les autres poëtes comiques. Observateur profond et ingénieux, il unit à la verve comique la plus franche et la plus naturelle une connaissance admirable du cœur humain. Il sut peindre les hommes de tous les temps en même temps qu'il livrait à la risée publique les travers de son siècle. L'*Avare*, le *Tartufe*, le *Misanthrope* sont devenus des types où tous les siècles reconnaissent leurs vices et leurs ridicules, en même temps que les *Précieuses ridicules*, les *Femmes savantes*, le *Malade imaginaire*, etc., rappellent l'affectation et le pédantisme de diverses classes de cette époque. Les prétentions de certains marquis qui portaient jusqu'au dernier ridicule l'air avantageux et l'envie de se faire valoir ont encore fourni à Molière l'occasion de corriger son siècle en l'amusant.

La Fontaine, unique dans sa naïveté et par les grâces qui lui sont propres, se mit au rang des plus grands poëtes et éleva les petits sujets jusqu'au sublime. Les *Satires* de Boileau, ses *Épîtres*, son *Art poétique* et les premiers chants de son *Lutrin*, l'ont placé au niveau de tant de grands hommes. C'était, dit Voltaire, **un temps digne de** l'attention des temps à venir que celui où les héros de Corneille et de Racine, les personnages de Molière, les symphonies de Lulli, les voix des Bossuet et des Bourdaloue se faisaient entendre à Louis XIV, à Madame Henriette d'Angleterre, duchesse d'Orléans, si célèbre par son goût, à un Condé, à un Turenne, à un Colbert et à cette foule d'hommes supérieurs qui parurent en tout genre. Ce temps ne se retrouvera plus, où un duc de La Rochefoucauld, l'auteur des *Maximes*, au sortir de la conversation d'un Pascal et d'un Arnauld, allait au théâtre de Corneille.

Tableau des sciences. — Les sciences morales reçurent de Descartes et de son école une puissante impulsion. Descartes enseigna aux philosophes à s'étudier eux-mêmes. Malebranche, en exagérant son système, écrivit cependant des pages remarquables sur la *Recherche de la vérité*. Arnauld, Bossuet, Fénelon recueillirent dans l'école cartésienne des principes d'une vérité éternelle, démontrés par une nouvelle méthode : l'existence de Dieu, la spiritualité de l'âme, sa supériorité sur le corps, les devoirs et la destinée future de l'homme. Les méthodes de raisonnement furent éclairées d'une nouvelle lumière dans *la Logique de Port-Royal*, dans *la Connaissance de Dieu et de soi-même*, par Bossuet, enfin dans le traité *De l'Existence de Dieu*, par Fénelon. Cette philosophie religieuse montra de plus en plus l'accord de la raison et de la foi. L'école cartésienne ne fut pas aussi heureuse dans les sciences naturelles. Cependant plusieurs découvertes importantes datent de cette époque. Descartes est l'inventeur de la branche des mathématiques appelée *analyse*. Torricelli et Pascal démontrèrent la pesanteur de l'air. Galilée avait découvert les lois de la chute des corps et le mouvement de la terre ; Newton reconnut l'attraction et en détermina les lois. L'Académie des sciences fut instituée par Colbert en 1666. Ce ministre attira en France l'Italien Dominique Cassini, le Hollandais Huyghens et le Danois Roëmer. Huyghens découvrit l'anneau et un des satellites de Saturne, et Cassini les quatre autres ; Roëmer la vitesse des rayons solaires. L'Observatoire fut construit et placé sous la direction de Cassini. On doit à Huyghens, sinon la première invention des horloges à pendule, du moins les vrais principes de la régularité de leurs mouvements. Papin, disciple de Huyghens, enseigna un des premiers la puissance de la vapeur, dont les applications à l'industrie devaient être si fécondes. La géographie reçut des accroissements étonnants. L'Observatoire était à peine construit, lorsque Dominique Cassini et Picard commencèrent, en 1669, une méridienne ; elle fut continuée en 1682 vers le nord par Lahire, et enfin Cassini la prolongea, en 1700, jusqu'à l'extrémité du Roussillon. En 1672, des physiciens furent envoyés à Cayenne, et leurs observations donnèrent une première connaissance de l'aplatissement de la terre, qui a été démontré par Newton. En 1700, Tournefort alla recueillir dans le Levant des plantes qui enrichirent le jardin du Roi (aujourd'hui Jardin des Plantes). Les voyages de Chardin en Perse, de Bernier et de Tavernier dans les Indes, encouragés par Louis XIV, dissipèrent des erreurs et ajoutèrent aux connaissances positives.

Tableau des arts. — Les arts, musique, architecture, peinture, sculpture, ont fait, au xvii⁰ siècle, des progrès non moins rapides que les sciences et les lettres. Avant Lulli, quelques chansons, quelques airs de violon, de guitare et de téorbe, la plupart même composés en Espagne, étaient tout ce qu'on connaissait. Les vingt-quatre violons du roi étaient toute la musique de la France. Lulli étonna par son goût et par sa science. La France avait eu des architectes éminents dès le xvi⁰ siècle. Sous la régence de Marie de Médicis, de Brosse, qui avait élevé le portail de Saint-Gervais, construisit dans le goût toscan le palais du Luxembourg. Richelieu fit bâtir le Palais-Cardinal, qui est devenu le Palais-Royal. Colbert forma une académie d'architecture, en 1671, et encouragea d'abord la passion que Louis XIV montrait pour les grands monuments. « Rien ne marque davantage, lui écrivait-il, la grandeur et l'esprit des princes que les bâtiments, et toujours la postérité les mesure à l'aune de ces superbes machines qu'ils ont élevées pendant leur vie. » Louis XIV n'était que trop disposé à suivre ces conseils. Paris et la France durent à sa passion, secondée par Le Nôtre, Mansard et Perrault, les magnificences de Versailles et Marly, la colonnade du Louvre, les Invalides, les jardins des Tuileries, les boulevards extérieurs de Paris, et les portes triomphales de Saint-Denis et de Saint-Martin. « Il n'y avait rien de grand ni de magnifique qu'il ne se proposât d'exécuter, » dit Perrault, un de ceux qui ont contribué à orner la France de monuments remarquables.

La peinture française produisit à cette époque ses chefs-d'œuvre. Le Poussin, qui avait étudié les écoles italiennes, en imita la beauté idéale. Lesueur rivalisa avec lui. Lebrun égala les Italiens dans le dessin et la composition ; il mérita d'être placé à la tête de l'école de peinture et de sculpture que Louis XIV établit à Rome, dès 1667, pour former de jeunes artistes français, école qui existe encore aujourd'hui. Une académie de peinture fut fondée à Paris par le même ministre. Des peintres. tels que Rigaud, Mignard, Noël Coypel, Jouvenet, etaient dignes de siéger à côté de Lebrun. L'art de multiplier les tableaux au moyen de planches en cuivre fut cultivé en France avec beaucoup de succès. Les travaux des Callot, des Audran, des Edelink, des Nanteuil et des Drevet sont restés justement célèbres. La France n'excella pas moins dans la sculpture, témoin les cariatides qui soutiennent l'horloge du Louvre par Sarazin, le tombeau du cardinal de Richelieu par Girardon et les *bains d'Apollon* du même artiste; le *Neptune* et l'*Amphitrite* de Coysevox; l'*Andromède* et le *Milon* de Puget, etc. On pourrait aisément multiplier les noms en parlant d'une époque si féconde en hommes éminents. Le tableau qu'on vient de tracer suffit pour justifier ce que dit Voltaire : « Il sera difficile que ce siècle soit surpassé; et, s'il l'est en quelques genres, il restera le modèle des âges encore plus fortunés qu'il aura fait naitre. »

N° 8.

Géographie politique de l'Europe en 1715.

A la mort de Louis XIV, en 1715, l'Europe se divise naturellement en deux groupes d'Etats : 1° les puissances qui ont pris part à la guerre de succession d'Espagne, d'un côté la France et l'Espagne, de l'autre, l'Angleterre, les Provinces-Unies, l'Allemagne où domine la maison d'Autriche, la Prusse, la Savoie, le Portugal; 2° les Etats du Nord et de l'Est, où la rivalité de Charles XII et de Pierre le Grand est l'événement capital.

France.—La France vient d'être vaincue, et la paix d'Utrecht lui a enlevé Terre-Neuve et l'Acadie (Nouvelle-Ecosse); en Europe, elle a été forcée de consentir à la démolition des fortifications du port de Dunkerque. Malgré ces revers, la France, qui a conservé toutes les provinces conquises par Louis XIV et même Landau dans la Palatinat (Bavière Rhénane), est encore une des grandes puissances de l'Europe. Ses limites étaient, en 1715 : à l'ouest, l'océan Atlantique et la Manche; au sud, la Bidassoa, les Pyrénées et la Méditerranée; à l'est, le Var, les Alpes, le Rhône, le Jura et le Rhin entre Huningue et Lauterbourg. Au nord, la France était limitée par une ligne qui lui laissait Landau (aujourd'hui Bavière Rhénane), Sarrelouis, Sierk, Thionville, Longwy, une partie du Luxembourg, Charlemont, Bouillon, Montmédy, Givet, Philippeville, Marienbourg, Maubeuge, Valenciennes, Condé, Lille, Armentières, Cassel, Berg, Dunkerque.

Les divisions administratives de la France à l'époque de Louis XIV comprenaient : 1° les gouvernements militaires et départements maritimes; 2° les parlements; 3° les généralités ou circonscriptions de l'administration financière; 4° les provinces ecclésiastiques; 5° les universités; 6° les colonies.

On comptait trente gouvernements : Ile-de-France, Normandie, Picardie, Champagne, Orléanais, Berry, Nivernais, Touraine, Anjou, Maine, Bretagne, Aunis, Poitou, Marche, Saintonge, Limousin, Auvergne, Lyonnais, Bourbonnais, Bourgogne, Dauphiné, Provence, Languedoc, Foix, Béarn, Guyenne, et enfin le pays récemment conquis, Alsace, Roussillon, Flandre et Franche-Comté, qui formaient des gouvernements particuliers. Les villes de Paris, de Metz et Verdun, Toul, Saumur, le Havre, Dunkerque, Boulogne, avaient aussi leurs gouverneurs. Les départements maritimes étaient au nombre de six : Brest, Rochefort, Dunkerque et le Havre sur l'Océan ; Toulon et Marseille sur la Méditerranée.

Les douze parlements qui existaient à la mort de Louis XIV comprenaient chacun dans leur ressort plusieurs provinces :

PARLEMENTS.	PROVINCES DU RESSORT.
1° Paris................	Ile-de-France. Picardie. Champagne et Brie. Lyonnais. Auvergne. Bourbonnais. Nivernais. Berry. Anjou. Maine. Touraine. Poitou. Aunis. Saintonge. Marche.
2° Toulouse........	Languedoc. Comté de Foix.
3° Grenoble........	Dauphiné. Principauté d'Orange.
4° Bordeaux	Guyenne septentrionale et occidentale. Une partie de la Guyenne orientale (Quercy, Rouergue, Armagnac, Bigorre, Comminges) ressortissait au parlement de Toulouse.
5° Dijon.............	Bourgogne. Bresse. Bugey. Pays de Gex. Valromey.
6° Rouen...........	Normandie.
7° Aix.............	Provence.
8° Rennes...........	Bretagne.
9° Pau.............	Béarn et Navarre française.
10° Metz............	Les Trois-Évêchés (Toul, Metz et Verdun).
11° Besançon........	Franche-Comté.
12° Douai...........	Flandre française. Hainaut français.

Il y avait, outre ces parlements, des conseils souverains établis à Ensisheim, puis à Colmar pour l'Alsace ; à Arras pour l'Artois, et à Perpignan pour le Roussillon. La principauté de Dombes et le duché de Lorraine avaient aussi leurs conseils souverains, la première à Trévoux et le second à Nancy.

L'administration financière comprenait des *chambres des comptes,* chargées de la révision des comptes des financiers ; des *cours des aides*, qui jugeaient les procès en matière d'impôts ; des *cours des monnaies*, auxquelles ressortissaient tous les procès en matière de monnaies ; et enfin des généralités ou recettes générales pour la perception des impôts.

Il y avait autant de chambres des comptes que de parlements. Elles étaient établies à Paris, Montpellier, Grenoble, Dijon, Rouen, Aix, Nantes, Blois, Pau, Aire en Artois, Lille et Dôle. Les cours des aides, sauf à Paris, à Clermont en Auvergne et à Montauban, étaient rattachées aux chambres des comptes ou aux parlements. Les cours des aides siégeaient à Paris, Montpellier, Bordeaux, Grenoble, Dijon, Rouen, Aix, Rennes, Pau, Metz, Clermont en Auvergne et Montauban. Les cours des monnaies étaient établies à Paris et à Lyon.

Il y avait trente généralités ou circonscriptions territoriales administrées par des intendants : *Paris* (Ile-de-France, Beauvoisis et Valois, Brie, Champagne, Gâtinais, Beauce, Vexin et Nivernais) ; *Orléans* (Orléanais, Gâtinais, Nivernais, Blaisois et Beauce) ; *Moulins* (Bourbonnais, Nivernais, Marche et Auvergne) ; *Lyon* (Lyonnais, Forez et Beaujolais) ; *Bourges* (Berry, Bourbonnais et Nivernais) ; *Limoges* (Limousin, Marche, Angoumois) ; *Montauban* (Quercy et Rouergue) ; *Châlons* (Champagne) ; *Amiens* (Picardie), *Caen et Rouen* (Normandie) ; *Alençon* (Normandie et Perche) ; *Soissons* (Picardie, Ile-de-France, Brie) ; *Tours* (Touraine, Poitou, Anjou et Maine) ; *Poitiers* (Poitou) ; *La Rochelle* (Aunis, Saintonge, Angoumois) ; *Riom* (Auvergne) ; *Bordeaux* (Guyenne et Gascogne). Dans les généralités que nous venons de citer, l'administration financière appartenait à des magistrats nommés élus, et en appel aux cours des aides et aux chambres des comptes.

Six généralités étaient pays d'États, et la répartition des impôts y était faite par des assemblées provinciales. C'étaient les généralités : d'*Aix* (Provence) ; de *Dijon* (Bourgogne) ; de *Grenoble* (Dauphiné) ; de *Montpellier* (Languedoc) ; de *Nantes* et plus tard *Rennes* (Bretagne) ; enfin de *Toulouse* (Languedoc). Il y avait encore des intendances en

Alsace, en *Franche-Comté*, en *Flandre*, en *Hainaut* (Valenciennes), à *Metz* et à *Perpignan*.

La France était divisée en dix-huit archevêchés auxquels se rattachaient des évêchés suffragants :

ARCHEVÊCHÉS.	ÉVÊCHÉS,
1° *Paris* (érigé en archevêché depuis 1622).	Orléans. Chartres. Meaux. Blois.
2° *Sens*	Troyes. Auxerre. Nevers. Bethléem (l'évêché établi sous ce nom en 1292 avait son siége à Clamecy).
3° *Rouen*	Bayeux. Évreux. Coutances. Avranches. Séez.
4° *Tours*	Rennes. Nantes. Vannes. Tréguier. Saint-Pol-de-Léon. Saint-Brieuc. Quimper-Corentin. Dol. Le Mans. Angers.
5° *Lyon*	Châlon-sur-Saône. Autun. Langres. Mâcon. Dijon (érigé en 1731). Saint-Claude (érigé en 1742).

ARCHEVÊCHÉS.	ÉVÊCHÉS
6° Reims	Châlons-sur-Marne.
	Laon.
	Beauvais.
	Noyon.
	Senlis.
	Amiens.
	Soissons.
	Boulogne.
7° Cambrai	Arras.
	Saint-Omer.
	Tournay. } Ypres. } Ces deux villes avaient été rendues par la France en 1713.
8° Bourges	Limoges.
	Le Puy.
	Saint-Flour.
	Clermont-Ferrand.
	Tulle.
9° Bordeaux	Poitiers.
	Angoulême.
	La Rochelle (jusqu'en 1652 à Maillezais).
	Saintes.
	Périgueux.
	Sarlat.
	Luçon.
	Condom.
	Agen.
10° Auch	Bayonne.
	Lectoure.
	Tarbes.
	Oloron.
	Lescar.
	Bazas.
	Comminges.
	Dax.
	Conserans.

ARCHEVÊCHÉS.	ÉVÊCHÉS
11e *Toulouse*	Pamiers. Montauban. Lavaur. Lombez. Mirepoix. Rieux. Saint-Papoul.
12e *Alby (ér. en 1676)* . . .	Cahors. Castres. Mende. Rodez. Vabres.
13e *Narbonne*	Montpellier. Nîmes. Agde. Carcassonne. Béziers. Perpignan. Saint-Pons. Aleth. Lodève. Uzès. Alais.
14e *Aix*	Apt. Fréjus. Gap. Riez. Sisteron.
15e *Arles*	Marseille. Toulon. Orange. Saint-Paul-Trois-Châteaux.
16e *Vienne*	Grenoble. Valence. Die. Viviers

ARCHEVÊCHÉS.		ÉVÊCHÉS.
17° *Embrun*.	{	Digne.
		Grasse.
		Glandève.
		Vence.
		Senez.
18° *Besançon*.	{	Belley.
		Nancy (en 1777).

Les évêchés de Metz, Toul et Verdun étaient suffragants de *Trèves*, et Strasbourg de *Mayence*. L'archevêché d'Avignon, compris dans le comtat Venaissin (domaine du pape) avait pour suffragants les évêques de Carpentras, Cavaillon et Vaison.

On n'est pas d'accord sur le nombre des universités de l'ancienne France, parce que plusieurs furent supprimées après une existence de plusieurs siècles. On peut en compter avec certitude dix-neuf : Paris, qui remontait à Philippe-Auguste, Toulouse (1200), Montpellier, célèbre par son école de médecine dès le xiii° siècle, Orléans, Besançon, Cahors, Valence, Perpignan, Angers, Aix, Poitiers, Caen, Bordeaux, Nantes, Bourges, Reims, Douai, Rennes, Strasbourg. On y ajouta au xviii° siècle Dijon, qui n'eut qu'une école de droit, Pau et Nancy. Les universités étaient soumises à la surveillance des autorités civiles et ecclésiastiques. L'ordonnance de Blois (1579) recommandait aux maîtres des requêtes, lorsqu'ils faisaient leurs tournées ou inspections, de s'enquérir de la situation des universités. Enfin, au xviii° siècle, les intendants avaient été chargés de surveiller l'instruction publique comme toutes les autres parties de l'administration.

La France possédait en Amérique : le Canada, la Louisiane, le cap Breton ou île Royale, une partie de la Guyane, Saint-Domingue, la Martinique, la Guadeloupe et la plupart des petites Antilles. Aux Indes orientales, des colonies françaises avaient été fondées à Chandernagor, à Pondichéry et à Surate ; l'île Bourbon avait été occupée par les Français dès 1649 ; elle prit une grande importance après le massacre des colons établis à Madagascar. En Afrique, l'île de Gorée et le fort Louis sur la côte de Sénégambie étaient les principaux établissements français. Colbert, qui s'occupa surtout du développement des colonies françaises, avait établi des compagnies qui avaient, comme les compagnies hollandaises et anglaises, le monopole du commerce dans ces contrées. Mais dans les dernières années du règne de Louis XIV, les désastres de la marine avaient forcé la

France de sacrifier plusieurs de ces colonies, et entre autres Terre-Neuve et l'Acadie (Nouvelle-Écosse), qu'elle céda à l'Angleterre.

Il y avait encore en France, à cette époque, quelques domaines féodaux ; ainsi la maison de Béthune exerçait les droits régaliens dans sa principauté de Boisbelle ou Henrichemont (Cher). La principauté de Dombes (Ain) appartenait au duc du Maine. Les maisons d'Orléans, de Condé et de Conti avaient aussi des domaines apanagés. Enfin, plusieurs maisons étrangères conservaient des domaines en France : la maison de Wurtemberg avait le comté de Montbéliard, et le saint-siége possédait toujours le comtat Venaissin.

Espagne. — L'Espagne était la puissance qui avait le plus souffert aux traités d'Utrecht et de Rastadt : elle avait perdu le royaume des Deux-Siciles, le duché de Milan, la Belgique, la Sardaigne, Gibraltar et Minorque. Il lui restait, outre ses possessions actuelles et ses colonies, Oran et Ceuta, sur le rivage voisin d'Afrique.

Portugal. — Le Portugal, qui avait les mêmes provinces que de nos jours, avait pris part, dans la dernière guerre, à la coalition contre la maison de Bourbon, et avait conclu avec l'Angleterre le traité de Methuen; depuis cette époque, il tomba sous la dépendance de la Grande-Bretagne.

Italie. — L'Italie fut soumise par le traité de Rastadt à l'influence prépondérante de la maison d'Autriche, qui obtint les duchés de Milan et de Mantoue, les présides de Toscane, le royaume de Naples et la Sardaigne. Le duc de Savoie, devenu roi de Sicile, avait ajouté à ses États de Piémont et de Savoie l'île de Sicile et le Montferrat, qui avait appartenu au duché de Mantoue. Les États de l'Église comprenaient, outre le patrimoine de Saint-Pierre et les possessions compactes au centre de l'Italie, le comtat Venaissin en France et le duché de Bénévent enclavé dans le royaume de Naples. La Toscane (cap. Florence) était toujours au pouvoir des Médicis. Les Farnèses régnaient à Parme et à Plaisance, et la maison d'Este à Modène. Il y avait trois républiques en Italie : Lucques, Gênes et Venise. Gênes possédait encore la Corse ; Venise avait conquis sur les Turcs la Morée, que le traité de Passarowitz (1718) ne tarda pas à lui enlever ; elle avait aussi acquis l'île de Sainte-Maure et quelques possessions en Dalmatie.

Grande-Bretagne. — La Grande-Bretagne avait affermi son autorité en Irlande, dont les insurrections avaient été réprimées ; elle avait consommé son union avec l'Écosse par la réunion des deux parlements. Enfin, la succession protestante venait d'être consacrée par les traités d'Utrecht et de Rastadt. L'acquisition de Gibraltar et de Minorque lui livrait l'entrée de la Méditerranée ; et en Amérique, elle enlevait à la France Terre-Neuve et l'Acadie (Nouvelle-Écosse).

Provinces-Unies. — La république des sept Provinces-Unies avait obtenu, par le traité de la Barrière, signé à Anvers (1715), que la haute Gueldre et Vanloo seraient réunies à ses domaines ; il avait été stipulé par le même traité, que les villes de Namur, Tournai, Menin, Furnes, Ypres, Warneton et le fort de Knoque seraient occupés par des garnisons hollandaises. Malgré ces avantages, la Hollande, entraînée par l'Angleterre, paraissait, selon l'expression du grand Frédéric, une barque à la remorque d'un vaisseau de ligne. Pendant le xviiie siècle, elle fut de plus en plus dominée par la Grande-Bretagne.

Autriche. — La maison d'Autriche avait considérablement étendu ses possessions : en même temps qu'elle conservait ses anciens domaines en Allemagne, elle acquérait au sud, à l'ouest et au nord, de nouvelles provinces ; en Italie, Naples, la Sardaigne et le duché de Milan lui avaient été livrés par le traité de Rastadt ; elle avait aussi obtenu la Belgique, ou Pays-Bas espagnols se composant du Luxembourg, Limbourg, Brabant méridional, Hainaut, Flandres, provinces de Malines, d'Anvers et de Namur. Enfin, le traité de Carlowitz (1699), conclu avec la Turquie, lui avait donné la Transylvanie, l'Esclavonie et la Croatie. La maison d'Autriche, en possession depuis plusieurs siècles de la dignité impériale, avait une supériorité incontestable sur le reste de l'Allemagne.

Allemagne. — Dans l'Allemagne méridionale, l'électeur de Bavière, chassé de ses États par la guerre de succession d'Espagne, venait d'y rentrer ; mais il était hors d'état de lutter avec l'Autriche. Il en était de même des autres maisons princières de l'Allemagne méridionale : maison palatine (branche de Deux-Ponts), Wurtemberg, Bade, Anspach, Bayreuth.

L'Allemagne septentrionale avait pour principaux États le royaume de Prusse, qui venait d'être reconnu par les traités d'Utrecht et de Rastadt, la Saxe, la Hesse et le Brunswick (Hanovre), en faveur duquel avait été créé un neuvième électorat. De ces quatre États, celui de Brandebourg, ou de Prusse, était le plus considérable ; il avait, outre le Brandebourg et la Prusse orientale, la principauté de Neuchâtel et le Valengin, et il était en possession d'une grande partie de la Poméranie, que la Suède devait bientôt lui céder.

L'électeur de Saxe était en même temps roi de Pologne, depuis que Stanislas Leczinski avait été chassé de ce royaume par les puissances coalisées contre Charles XII. L'électeur de Hanovre venait d'être appelé au trône d'Angleterre à la mort de la reine Anne (1714). La Hesse était toujours partagée en deux branches (Cassel et Darmstadt). L'Allemagne avait conservé son ancienne constitution fédérative, avec ses diètes, ses électeurs ecclésiastiques et laïques, son empire électif; mais la création d'un nouveau royaume et l'intervention des puissances étrangères dans les affaires d'Allemagne avaient de plus en plus ébranlé cette constitution, qui devait un siècle plus tard tomber sous les coups de Napoléon.

Suisse.—La Suisse, ou Confédération helvétique, n'avait subi aucun changement important depuis la paix de Westphalie. Elle avait toujours treize cantons : Uri, Schwitz, Underwald, Berne, Zurich, Lucerne, Soleure, Bâle, Schaffouse, Glaris, Zug, Fribourg, Appenzel. Les Grisons (cap. Coire) étaient alliés des Suisses.

États du Nord : Suède, Danemark.—La Suède avait tenu le premier rang dans l'Europe septentrionale jusqu'au commencement du xviiie siècle; mais les guerres de Charles XII (voy. le n° 13) l'avaient épuisée; elle avait perdu la Poméranie, à l'exception de Stralsund, et les traités qu'elle fût obligée de signer avec les puissances coalisées, de 1715 à 1721, lui enlevèrent un grand nombre de provinces; elle abandonna au Hanovre, en 1719, les villes de Brême et Verden; à la Prusse, la plus grande partie de la Poméranie; au Danemark, ce qu'elle possédait dans le Holstein; à la Russie, par la paix de Nystadt (1721), la Livonie, l'Esthonie, l'Ingrie et la Carélie (province de Saint-Pétersbourg). Il restait à la Suède ses anciennes provinces scandinaves et la Finlande.

Danemark. — Le Danemark comprenait, outre la péninsule danoise, la Norwége, la Laponie et le comté d'Oldembourg.

Russie et Pologne—.La Russie devint, à partir du xviiie siècle, la principale puissance de l'Europe septentrionale et orientale. Pierre le Grand avait enlevé à la Suède la Livonie, l'Esthonie et la Carélie, qui lui donnaient la côte orientale de la Baltique. Du côté de la Pologne, les limites entre les deux puissances avaient été déterminées par le traité de Moscou (17 août 1678). Jean Sobieski, alors occupé de la guerre contre les Turcs, avait abandonné à la Russie Smolensk, Tchernigow, Novogorod, Severskoi; la Petite-Russie sur la rive gauche du Dniéper, Kiow, sur la rive droite de ce fleuve, et la domination sur les Cosaques Zaporogues. La ville d'Azow, que les Russes avaient enlevée aux Turcs par la paix de Carlowitz, fut rendue à ces derniers en vertu du traité du Pruth (1711).

Pologne. — La Pologne possédait toujours la Prusse royale, entre la province de Poméranie et la Prusse ducale; elle était bornée à l'ouest par la Silésie; au sud, par les monts Carpathes; à l'est, par le Dniester, qui la séparait de la Russie et de la Turquie.

Turquie. — La Turquie avait perdu par le traité de Carlowitz plusieurs des provinces danubiennes qui avaient passé à l'Autriche. Le traité de Passarowitz (1718) lui enleva une partie de la Servie et de la Valachie ainsi que le bannat de Temeswar, dont s'agrandirent les provinces autrichiennes; mais la Morée, que la Turquie avait abandonnée à Venise par le traité de Carlowitz, lui fut rendue par la paix de Passarowitz.

———— — ——

N° 9.

Louis XV.—Régence du duc d'Orléans. — Ministère du cardinal de Fleury.— Guerre de la succession de Pologne.—Traité de Vienne.

Louis XV (1715-1774).—Louis XV, arrière-petit-fils de Louis XIV, monta sur le trône à l'âge de cinq ans. Il était fils du duc de Bourgogne et d'Adélaïde de Savoie, si renommée par les grâces de sa personne et de son esprit. Son règne se divise naturellement en deux époques : 1° la régence du duc d'Orléans, de 1715 à 1722; 2° le gouvernement de Louis XV ou plutôt de ses ministres Fleury, Bernis, Choiseul, d'Aiguillon (1722-1774).

Régence du duc d'Orléans (1715-1722).—Le testament par lequel Louis XIV avait limité la puissance du duc d'Orléans fut cassé par le parlement de Paris dès le lendemain de la mort du grand roi; le duc d'Orléans fut investi de la régence absolue, c'est-à-dire de la plénitude du pouvoir royal. Philippe d'Orléans avait des qualités brillantes, l'esprit vif, la conception prompte, l'élocution facile, de la générosité et de la bravoure; mais la paresse, l'insouciance, le scepticisme et la corruption changèrent ces qualités en défauts. La situation politique présentait de sérieuses difficultés à la mort de Louis XIV. Une dette énorme pesait sur la France. Plusieurs moyens furent essayés pour combler le déficit : poursuite des financiers, refonte des monnaies, révision des titres de créance ; mais toutes ces mesures furent insuffisantes, et le régent, qui aimait les nouveautés, prêta l'oreille au système d'un Écossais nommé Law. Ce banquier proposait de remplacer les valeurs métalliques par un papier-monnaie qui devait avoir cours dans tout le royaume, et favoriser les transactions commerciales.

Une banque, fondée sur les principes de Law, fut instituée en 1716, avec un capital de six millions représenté par douze cents actions de cinq mille livres chacune. Elle devait se borner à l'échange des valeurs contre des billets qu'elle payait à terme, sans se livrer à aucune opération commerciale. Cette banque réussit parfaitement. Le succès conduisit à une autre opération ; ce fut la fusion de la banque avec une compagnie de commerce qu'on appela *compagnie d'Occident* et qui avait pour but l'exploitation des mines de la Louisiane, sur les bords du Mississipi. On exagéra prodigieusement la valeur de ces terres, et les actions de la compagnie d'Occident acquirent un prix excessif. On s'empressa d'échanger l'or et l'argent pour ces actions, qui devinrent l'objet d'une spéculation effrénée ; elles étaient primitivement de cinq cents livres et montèrent jusqu'à dix-neuf mille. La compagnie d'Occident se fit adjuger le commerce du Canada, la traite des noirs au Sénégal, la navigation et le commerce du Levant, la ferme du tabac et la perception des impôts. Il résulta de cette rapide circulation du numéraire et de sa concentration entre les mains de Law une assez vive impulsion pour le commerce et l'industrie. La Nouvelle-Orléans fut fondée, à l'embouchure du Mississipi. Mais on ne tarda pas à être détrompé sur la valeur assignée aux terres de la Louisiane, et le prix des actions commença à baisser. Law, qui s'était fait nommer contrôleur général des finances en 1720, voulut soutenir son papier-monnaie et fit rendre une ordonnance qui défendait à tout particulier de garder chez lui plus de cinq cents livres en numéraire ; mais cette mesure acheva de discréditer le système. On en vint bientôt à la banqueroute. Law s'enfuit à Venise, laissant les finances plus embarrassées que jamais. Quelques spéculateurs avaient fait des fortunes énormes en achetant des actions au pair pour les revendre lorsque leur valeur était décuplée ; mais des milliers de familles avaient été ruinées. L'erreur capitale du système de Law fut l'émission d'une énorme quantité de papier-monnaie hors de toute proportion avec les valeurs métalliques répandues en France.

Ces événements avaient troublé la régence et donné aux ennemis du duc d'Orléans quelque espérance de lui enlever le pouvoir. Les princes légitimés (on appelait ainsi les fils légitimés de Louis XIV, le duc du Maine et le comte de Toulouse), et à leur tête le duc du Maine, conspirèrent avec l'ambassadeur d'Espagne, Cellamare. On devait enlever le régent et donner la direction du gouvernement aux princes légitimés. Le cardinal Alberoni, ministre de Philippe V, était le fauteur de ce complot. Il avait conçu la pensée de relever la puissance espagnole, telle que l'avaient faite Charles-Quint et Philippe II. Renverser le régent, reconquérir l'Italie, rendre l'Angleterre aux Stuarts, tels étaient les projets ou plutôt les rêves d'Alberoni. Dubois, ancien précepteur du duc d'Orléans, devenu son ministre, découvrit la conjuration de Cellamare (1718) et en prévint l'explosion. Cellamare fut chassé de France, le duc du Maine arrêté et quelques-uns de ses complices punis de mort. Un traité signé entre la France, l'Angleterre, la Hollande (triple alliance), menaça l'Espagne. L'Autriche accéda bientôt à cette coalition qui prit le nom de *quadruple alliance*. Il en résulta une guerre où les Espagnols furent vaincus; ils avaient tenté de s'emparer de la Sicile ; mais ils perdirent une bataille navale près du cap Passaro. Les Français s'emparèrent alors de Saint-Sébastien et de Fontarabie. Enfin le traité de Madrid (1720) stipula le renvoi d'Alberoni et la cession de la Sicile à l'empereur. On donna en échange au duc de Savoie la Sardaigne, dont il se fit un royaume. Peu de temps après (1722), Louis XV, ayant atteint sa quatorzième année, fut proclamé majeur. Dubois, devenu cardinal, resta premier ministre jusqu'à sa mort, qui eut lieu en 1723. Le duc d'Orléans, qui avait repris la direction des affaires après sa mort, ne lui survécut que quelques mois. Le pouvoir passa alors au duc de Bourbon, qui ne montra ni habileté ni humanité pendant sa courte administration (1723-1726). Il fut remplacé par le cardinal de Fleury, ancien précepteur du roi.

Ministère du cardinal de Fleury (1726-1743).—Guerre de la sucsion de Pologne.—Ce ministre, âgé de soixante-treize ans, s'efforça de réconcilier les partis à l'intérieur, et de réparer par une économie réglée et persévérante le désordre des finances. Il maintint avec assez d'habileté l'intelligence entre la France, l'Angleterre, l'Espagne et l'Autriche, et s'efforça de terminer par des négociations les discussions relatives à la succession d'Espagne. Le premier événement qui troubla la paix de ce long ministère fut la guerre de succession de Pologne (1733). Frédéric-Auguste Ier ou Auguste II, roi de Pologne et électeur de Saxe, venait de mourir. Les suffrages des Polonais se partagèrent entre deux candidats, Stanislas Leczinski, beau-père de Louis XV, et le nouvel électeur de Saxe, Frédéric-Auguste II. Le premier était appuyé par la France et avait pour lui les vœux de la Pologne; mais le second, soutenu par les Autrichiens et les Russes, l'emporta. La guerre devint alors inévitable. Fleury s'assura de la neutralité de l'Angleterre et de l'alliance de l'Espagne; il ne pouvait espérer de l'emporter en Pologne, où les armées russes et autrichiennes occupaient les places fortes; mais il porta la guerre en Italie. Les victoires des Français à Parme et à Guastalla (1734) forcèrent les impériaux d'évacuer les duchés de Parme et de Plaisance. Un des fils de Philippe V, l'infant don Carlos, s'empara du royaume de Naples, après avoir gagné, en 1734, sur les Autrichiens, la bataille de Bitonto (terre de Bari). La Sicile tomba également au pouvoir de don Carlos, et il se fit couronner à Palerme le 3 juillet 1735. Ces revers déterminèrent l'empereur Charles VI à signer la paix de Vienne (1738). Il abandonnait les Deux-Siciles à l'infant don Carlos, et recouvrait Parme et Plaisance. Stanislas Leczinski perdait définitivement la Pologne; on lui donnait en compensation le duché de Lorraine, qui devait revenir à la France après sa mort. Ainsi la maison de Bourbon obtenait un royaume en Italie, et la France l'expectative d'une province importante. Fleury qui avait habilement dirigé les négociations, désirait maintenir la paix qui venait d'être rétablie en 1738; mais il se laissa entraîner quelques années plus tard dans la guerre de succession d'Autriche, où la France n'avait pas d'intérêt direct.

N° 10.

Guerre de la succession d'Autriche.—Progrès du royaume de Prusse.—Frédéric II.—Bataille de Fontenoy.

Guerre de la succession d'Autriche (1741-1748).—L'empereur Charles VI était mort en 1740, après avoir fait signer aux principales puissances de l'Europe la *pragmatique* qui garantissait à sa fille, Marie-Thérèse, la succession intégrale de la monarchie autrichienne. Mais cette *pragmatique*, ne fut pas respectée, et une coalition se forma pour le démembrement des États de Marie-Thérèse. Un de ses ennemis les plus ardents fut le nouveau roi de Prusse, Frédéric II.

Progrès du royaume de Prusse.—Le royaume de Prusse datait du commencement du xviiie siècle. L'empereur Léopold, qui avait besoin de s'assurer des alliés dans le collége électoral, accorda à l'électeur de Brandebourg, Frédéric Ier, le titre de roi (1701). Dès le xviie siècle le Brandebourg s'était considérablement agrandi par la réunion de cette province et de la Prusse orientale (1618). Le grand électeur, Frédéric-Guillaume, qui avait joué un rôle glorieux dans la lutte de l'Allemagne contre Louis XIV, s'était emparé, en 1666, de Clèves, de la Mark, et de Ravensberg sur les bords du Rhin ; quelques années plus tard il avait acquis l'archevêché de Magdebourg (1680). Ce prince avait été le véritable fondateur de la grandeur de la Prusse et avait mérité le titre de roi, qu'obtint son fils Frédéric Ier. Frédéric-Guillaume, second roi de Prusse (1713-1740), profita de la chute de la monarchie suédoise pour étendre sa puissance. Il s'empara d'une partie de la Poméranie par le traité de Nystadt (1721) , et pendant la paix il organisa la puissance militaire et financière de la Prusse.

Frédéric II.—Son successeur, Frédéric II (1741-1786) se signala entre tous les capitaines des temps modernes. La première occasion d'agrandissement que saisit Frédéric II fut la mort de l'empereur Charles VI et l'avénement de sa fille, Marie-Thérèse. L'Europe entière était jalouse de la puissance de la maison d'Autriche. La ligne masculine de la maison de Habsbourg s'étant éteinte dans la personne de Charles VI, une coalition se forma aussitôt pour démembrer ses États. Frédéric II envahit la Silésie (1741) et trouva de nombreux partisans dans cette province remplie de luthériens. Vainqueur à Molwitz (Silésie), il s'empara de toute la province, pendant que le feld-maréchal Schwérin pénétrait en Moravie et en faisait la conquête. L'Autriche paraissait accablée : l'électeur de Bavière était proclamé empereur sous le nom de Charles VII, et Marie-Thérèse réduite à chercher un asile dans les provinces qui avaient si longtemps résisté à la maison d'Autriche, principalement dans la Hongrie. Elle y trouva de fidèles défenseurs. Les nobles Hongrois répondirent à son appel par les mots célèbres : *Moriamur pro rege nostro Maria Theresia* (mourons pour notre roi Marie-Thérèse).

En même temps, l'Angleterre et la Hollande se déclaraient en faveur de l'Autriche. Marie-Thérèse s'efforça, par le conseil de l'Angleterre, de désarmer le roi de Prusse, et signa avec lui le traité de Berlin qui lui abandonnait la Silésie (1742). Les Autrichiens reprirent alors l'avantage : ils chassèrent les Français de la Bohême, envahirent et conquirent la Bavière. La victoire de Dettingen (Bavière) remportée en 1743 sur les Français par une armée formée d'Anglais, de Hessois et de Hanovriens, assura le triomphe de la cause autrichienne. La même année, Fleury mourut, laissant la France engagée dans une guerre dangereuse. Louis XV voulut commander son armée en personne, et alla défendre l'Alsace menacée par les impériaux. Ce fut pendant cette campagne (1744) qu'il tomba grièvement malade à Metz. La consternation fut générale à cette nouvelle, et lorsque le roi eut recouvré la santé, la joie qui éclata dans toute la France lui fit donner le nom de *Bien-Aimé*.

Malheureusement Louis XV ne se montra pas longtemps digne de l'amour de la France. Il abandonna l'armée pour se plonger dans les désordres, et laissa une de ses maîtresses, madame de Pompadour, exercer une influence honteuse, pendant qu'un général étranger, le maréchal de Saxe, soutenait l'honneur des armées françaises. La victoire de Fontenoy (11 mai 1745) fut le fait d'armes le plus éclatant de cette guerre. L'armée anglo-hollandaise, commandée par le duc de Cumberland, formait une redoutable colonne qui s'ouvrait pour lancer la décharge de l'artillerie; elle rompait tous les obstacles et semblait devoir assurer l'avantage aux ennemis. Il fallut la faire attaquer par la maison du roi, qui perça la colonne anglaise et détermina le succès de la journée. Une partie de la Belgique fut conquise à la suite de cette bataille. Bientôt après, le maréchal de Saxe vainquit les impériaux à Raucoux (1746), entre Liége et Maestricht. Enfin, la victoire de Lawfeldt (1747), près de Maestricht, mit le comble à la gloire de ce général. Les Français avaient été moins heureux sur les autres points; ils avaient été chassés de l'Italie, et les impériaux avaient même pénétré en Provence. L'invasion de Charles-Édouard en Angleterre n'avait eu qu'un succès de courte durée, et s'était terminée par la défaite de Culloden. Les Russes s'avançaient au secours de la Hollande et touchaient au Rhin. Ainsi les avantages et les revers se balançaient. La paix d'Aix-la-Chapelle, conclue en 1748, termina la guerre; elle assura à Marie-Thérèse la succession d'Autriche, moins la Silésie qui resta à Frédéric II, et enleva à la France toutes ses conquêtes dans les Pays-Bas. La restitution de quelques colonies et l'abandon du duché de Parme et de Plaisance à l'infant d'Espagne, don Philippe, furent une bien faible compensation pour les sacrifices d'hommes et d'argent que cette guerre avait imposés à la France.

Frédéric II fut le seul prince qui gagna à ce traité. Vainement

Marie-Thérèse suscita contre lui une redoutable coalition. Il en triompha et resta l'arbitre de l'Allemagne. Après avoir fait la guerre pendant plus de vingt ans, il passait avec raison pour le plus grand capitaine de son siècle. Mais, comme Gustave-Adolphe, il pouvait écrire : *Dulce bellum inexperto* (la guerre n'a de charmes que pour ceux qui ne la connaissent pas) ; il resta en paix les vingt-trois dernières années de son règne (1763-1786), et s'occupa de la prospérité de son royaume. A son avénement, le royaume de Prusse n'avait pas trois millions d'habitants ; il en comptait plus de six millions à sa mort. Il avait fait bâtir cinq cent trente-neuf villages, attiré plus de quarante mille familles des pays étrangers ; rendu à la fertilité plus de cent mille acres de terre qui étaient couverts par les eaux. Un code de lois, où l'on remarque l'abolition de la torture maintenue dans la plupart des États, une tolérance générale, les progrès de l'instruction publique encouragés, signalèrent l'administration intérieure de Frédéric II. A l'extérieur, il resta un des plus puissants souverains de l'Allemagne et de l'Europe. Le partage de la Pologne (1772) fut une des iniquités de sa politique ; mais du moins il en prit la meilleure part en se réservant la Prusse occidentale et le duché de Posen. La Russie fut loin d'obtenir à ce premier partage des conditions aussi avantageuses. Lorsqu'en 1777 l'empereur Joseph II voulut démembrer la Bavière, Frédéric s'avança à la tête d'une armée, agita l'Europe, et força l'Autriche à signer le traité de Teschen, par lequel elle renonçait à ses prétentions. Ainsi, sans faire la guerre, Frédéric, par l'ascendant de son génie et de ses victoires, restait réellement l'arbitre de l'Europe. Il mourut en 1786, laissant à son neveu Frédéric-Guillaume II un État florissant qui, malgré sa faible population et sa création récente, balançait l'influence des plus anciennes et des plus puissantes monarchies.

N° 11.

Guerre de Sept ans.—Traité de Paris.—Perte des colonies françaises.

Guerre de Sept ans (1756-1763).—La guerre de Sept ans a été une des plus funestes qu'ait soutenues la France. L'Angleterre, qui voyait avec jalousie la marine française se relever, en profita pour la ruiner et pour s'emparer de nos principales colonies. Les hostilités commenèrent sur la frontière du Canada par l'assassinat d'un officier français nommé Jumonville. L'Angleterre, sans déclaration de guerre, donna l'ordre de capturer les navires français; plus de trois cents furent pris et les colonies bloquées. La France se vengea en envoyant le maréchal de Richelieu s'emparer de Minorque (1756). Au moment où éclatait cette guerre dangereuse, la France eut le tort de s'engager dans une guerre continentale. Elle s'unit avec l'Autriche, alliée suspecte, contre la Prusse, qui ne pouvait être pour elle une rivale menaçante. L'invasion du Hanovre par le maréchal d'Estrées en 1757, la victoire d'Hastenbeck (Hanovre) et la capitulation de Closter-Severn (Hanovre), qui força l'armée anglo-hanovrienne de mettre bas les armes, ouvrirent avec assez d'éclat la campagne de 1757; mais une partie de l'armée française, sous les ordres du prince de Soubise, s'étant détachée pour accabler le roi de Prusse qui était alors attaqué par les Russes, les Autrichiens et les Saxons, essuya une défaite sanglante à Rosbach (Saxe). L'année suivante (1758), les Français furent chassés du Hanovre et battus à Crevelt (Westphalie). La guerre se prolongea jusqu'en 1763 sur les bords du Rhin avec des succès variés. Vainqueurs à Berghem (1759), près de Francfort, les Français essuyèrent un nouvel échec à Minden (Westphalie). Quelques traits héroïques, comme celui du chevalier d'Assas, ne purent compenser tant de défaites. On ne doit pas cependant oublier le dévonement sublime de cet officier. Entouré par les ennemis qui le menaçaient de mort s'il poussait un seul cri, d'Assas n'hésita pas. « A moi! Auvergne, s'écria-t-il, voilà l'ennemi. » Il tomba percé de coups (1760), et l'armée française fut sauvée.

Le héros de la guerre de Sept ans fut le roi de Prusse Frédéric II. La politique habile de Marie-Thérèse, la jalousie des puissances septentrionales contre la Prusse, et surtout l'imprudence de Frédéric qui avait blessé par ses railleries mordantes plusieurs souverains et entre autres Élisabeth, impératrice de Russie, avaient suscité contre la Prusse une puissante coalition. Marie-Thérèse avait réussi à faire entrer dans cette ligue la France, la Russie, la Saxe, la Suède et une partie des cercles de l'Allemagne. La ruine de la Prusse semblait inévitable, et le plus beau titre de gloire pour Frédéric est d'avoir su disputer pied à pied son royaume aux puissants ennemis qui l'enveloppaient, le reconquérir après une lutte acharnée, et enfin signer un traité qui en maintenait l'intégrité. Le roi de Prusse n'avait pour lui que l'Angleterre, toujours fidèle à son système de guerre continentale, à la faveur duquel elle entretenait des divisions dans l'Europe, pendant qu'elle étendait sa puissance maritime. Frédéric n'attendit pas que les ennemis vinssent l'attaquer : avec sa rapidité ordinaire, il se jeta sur la Saxe et fit poser les armes aux Saxons à Pirna (1756) ; il attaqua ensuite les Autrichiens en Bohême et les vainquit à Prague (1757). Mais malgré son activité merveilleuse, Frédéric ne pouvait faire face aux ennemis de tous côtés. Les Russes avaient passé le Niémen, pénétré dans la Prusse orientale et battu un de ses lieutenants à Jægerndorf. Les Autrichiens, revenus avec de nouvelles forces en Bohême, triomphèrent de Frédéric à Kolin. En même temps, l'armée française avait vaincu dans le Hanovre, à la journée d'Astenbeck, les Anglo-Hanovriens et leur avait imposé la capitulation de Closter-Severn, qui les désarmait ; elle pouvait désormais se joindre aux nombreux ennemis de Frédéric pour l'accabler. À son approche, le roi de Prusse passa en Saxe, et, dans un moment de désespoir, il songea à se tuer. Cependant la force d'âme, dont il avait donné tant de preuves, le soutint ; il reprit courage, et, entouré d'ennemis, continua de combattre et d'écrire. Ce fut dans ces circonstances critiques qu'il composa une épître où l'on remarque les vers suivants :

> Pour moi, menacé du naufrage,
> Je dois, en affrontant l'orage,
> Penser, vivre et mourir en roi.

La victoire de Rosbach (1757) le releva. Il triompha près de cette ville de l'armée française commandée par le prince de Soubise et réunie à l'armée des cercles de l'empire. Trois mille Français furent tués et sept mille restèrent prisonniers ; on trouva dans le camp des cuisiniers, des comédiens et tout l'appareil de luxe que la noblesse traînait à sa suite. Une colonne rappela le souvenir du désastre de Rosbach jusqu'au moment où Napoléon l'effaça par la victoire d'Iéna, et renversa le trophée élevé par les Prussiens. Frédéric avait à peine repoussé les Français qu'il vola à la défense de la Silésie envahie par les Autrichiens. Vaincu à Breslau, il répare ce désastre à Lissa, où avec trente mille hommes il en battit plus de quatre-vingt mille. Mais ces victoires mêmes affaiblissaient son armée, et le cercle d'ennemis qui l'entourait se resserrait de plus en plus. Les Russes, après avoir conquis la Prusse orientale, marchaient sur Berlin, dont ils s'emparèrent en 1759. Frédéric n'avait plus d'autre asile que son camp : pendant plusieurs mois, il porta du poison sur lui dans la crainte de tomber vivant aux mains de ses ennemis. Enfin la victoire de son frère Henri à Leignitz (1760) et surtout la mort de l'impératrice de Russie, Élisabeth, relevèrent la fortune de la Prusse. Le successeur d'Élisabeth, Pierre III, était un admirateur passionné de Frédéric ; il se hâta de signer la paix avec lui, et bientôt l'Autriche, la France et la Saxe conclurent avec Frédéric, en 1763, le traité d'Hubertsbourg (Saxe), qui garantissait l'intégrité de la monarchie prussienne.

Perte des colonies françaises ; traité de Paris (1763).—Pendant ce temps la France soutenait sur mer et dans les colonies une guerre désastreuse. L'amiral de La Clue fut vaincu à la hauteur de Lagos (1759), et l'amiral de Conflans sur les côtes de Bretagne. Les Anglais s'emparèrent de la Guadeloupe et du Canada. Pondichéri, aux grandes Indes, tomba en leur pouvoir. Choiseul, qui avait pris depuis 1758 la direction de la politique extérieure, conclut avec l'Espagne, en 1761, le *pacte de famille*, qui réunissait plus étroitement les quatre branches de la maison de Bourbon, France, Espagne, Naples, Parme et Plaisance ; mais ce traité ne fit qu'attirer sur la marine et les colonies de l'Espagne les désastres qui avaient frappé les possessions françaises. Heureusement la mort de Georges II, roi d'Angleterre, et l'avénement de son petit-fils, Georges III, donnèrent une nouvelle direction à la politique anglaise. L'autorité passa aux tories, favorables à la paix, et le traité fut signé à Paris (1763). La France y subissait des conditions fort onéreuses : elle ne conservait de ses colonies, aux grandes Indes, que la ville de Pondichéri, qui était détruite, et Chandernagor, qu'elle s'engageait à ne pas fortifier ; en Amérique, la Guadeloupe, la Martinique, Marie-Galande et la Nouvelle-Orléans. Elle abandonnait le Canada aux Anglais, donnait la Louisiane à l'Espagne en compensation de la Floride dont les Anglais s'étaient emparés, et cédait le Sénégal à l'Angleterre. Le roi de Prusse, qui avait eu le principal honneur de cette guerre, garda la Silésie, qu'il avait enlevée précédemment à l'Autriche. A partir de cette époque, la Prusse, malgré sa date récente, devint une des puissances prépondérantes de l'Europe.

N° 12.

Fin du règne de Louis XV. — Acquisition de la Lorraine et de la Corse. — Destruction des Parlements.— État des esprits à cette époque.—Progrès des sciences.

Fin du règne de Louis XV; acquisition de la Lorraine et de la Corse.—La fin du règne de Louis XV fut surtout signalée par l'acquisition de la Lorraine et de la Corse. La première revint à la couronne à la mort de Stanislas Leczinski, comme l'avait stipulé le traité de Vienne. Quant à la Corse, elle était depuis près de cinquante ans en proie à des querelles intestines. Les Génois, n'ayant pu la dompter, la vendirent à la France en 1768. La Corse tenta vainement de résister ; elle fut soumise l'année suivante (1769). Quelques mois après le départ de Pascal Paoli, qui avait défendu intrépidement l'indépendance de son pays, Napoléon Bonaparte naquit à Ajaccio (15 août). A cette époque, Choiseul avait de vastes projets pour le maintien de l'équilibre européen que menaçaient la Russie et l'Angleterre : il armait la Turquie contre la Russie, fomentait en Pologne un parti national et s'efforçait de susciter en Amérique des rivalités redoutables à l'Angleterre. Malheureusement ce ministre fut renvoyé en 1770, et remplacé par des hommes incapables ou décriés, qui ne se soutenaient que par le crédit de la nouvelle favorite madame Dubarry. Le duc d'Aiguillon, Maupeou et l'abbé Terray formèrent un triumvirat qui gouverna la France jusqu'à la mort de Louis XV.

Destruction des parlements.—Le duc d'Aiguillon avait excité contre lui les ressentiments du parlement de Bretagne, lorsqu'il était gouverneur de cette province. Il fut accusé de malversation, et comme pair de France traduit devant le parlement de Paris. Cette cour de justice le poursuivit avec acharnement, et pour se donner plus de force s'unit avec les autres parlements, et déclara le duc d'Aiguillon suspendu de la pairie et *entaché dans son honneur.* Louis XV irrité fit enlever du greffe du parlement les pièces du procès, et dans un lit de justice, tenu à Versailles le 7 décembre 1760, il défendit au parlement, sous peine d'être privé de ses fonctions, de correspondre avec les autres parlements et de suspendre l'administration de la justice. Le parlement n'ayant pas tenu compte des défenses du roi, ce prince exila tous les membres du parlement de Paris et le remplaça par des cours supérieures (1764). Le chancelier Maupeou fit également sup-

primer les parlements établis dans les provinces et les remplacer par
des juges, qui étaient nommés directement par le roi et recevaient
un salaire de l'État. La destruction des parlements provoqua une vive
indignation dans toute la France, qui regardait, à tort ou à raison,
ces corps judiciaires comme les défenseurs des libertés publiques.
Le mécontentement de la nation était encore entretenu par les écrivains, qui avaient alors une grande influence.

État des esprits à cette époque. — La littérature était devenue entre
les mains de ceux qu'on appelle les *philosophes du XVIIIe siècle* une
puissance politique ; ils s'étaient élevé une tribune du haut de laquelle ils s'adressaient à l'Europe entière et l'agitaient par leurs
écrits, mélange de vérités et d'erreurs, de principes utiles et de
dangereux paradoxes. Voltaire, Montesquieu et J.-J. Rousseau figurent au premier rang parmi ces écrivains. Voltaire s'occupa surtout
de détruire ; il a sapé les fondements de la morale, de la religion et
de toute autorité, en même temps qu'il attaquait des abus invétérés.
Ses relations avec l'Angleterre, où dominait une philosophie scepti-
que et matérialiste, contribuèrent à le précipiter dans les abîmes du
doute où ne le portait que trop la nature de son esprit. Il resta fidèle
par le goût et la pureté du style au siècle de Louis XIV ; mais il
s'efforça d'en ruiner les doctrines. Doué d'un esprit vif, d'une conception rapide et d'une merveilleuse imagination, il embrassa toutes
les parties de la littérature, poésie épique et dramatique, épîtres
philosophiques, poésie didactique, histoire, philosophie, roman,
genre épistolaire. Les sciences mêmes furent popularisées par ce
génie universel. Son style limpide et brillant charme par des qualités
essentiellement françaises. Quand Voltaire n'est pas égaré par la
passion, il unit le sens le plus ferme et le plus droit à une verve
rapide et étincelante. Il séduit et entraîne. Des réclamations généreuses en faveur de l'humanité et de la tolérance se mêlent aux attaques perpétuelles de son scepticisme. Ainsi il défendit Calas, Sirven,
La Barre, Lally-Tollendal, victimes d'injustes persécutions. Il contribua à faire abolir la torture et les lois portées contre les protestants ;
mais l'influence de Voltaire n'en a pas moins été funeste. Il accou-
tuma les Français, portés naturellement à la raillerie, à livrer au
ridicule les principes les plus sacrés. Tous les sentiments élevés,
d'où naissent le dévouement et les actions héroïques, furent tournés
en plaisanterie. « Il y a eu de notre temps, dit Montesquieu, une
grande décadence de l'admiration. » Ce mot condamne Voltaire, qui
contribua plus qu'aucun autre écrivain à propager le scepticisme.

Montesquieu, d'un esprit plus grave, se laissa cependant entraîner dans ses premiers écrits par le caractère dominant de son siècle. Les *Lettres persanes* (1721) se ressentent des mœurs de la Régence, et le *Temple de Gnide* (1725) n'annonce pas l'auteur de l'*Esprit des lois*. Mais ensuite mûri par des études approfondies et par des voyages, Montesquieu donna à son génie une direction plus utile. La *Grandeur et Décadence des Romains* (1734) est un modèle d'histoire philosophique. L'*Esprit des lois* (1748) est le chef-d'œuvre de Montesquieu. Si l'on peut blâmer la concision un peu affectée du style et une théorie exagérée de l'influence des climats, on admire la profondeur avec laquelle l'auteur analyse et juge les constitutions des différents peuples. Des idées vraies sur la nature des lois et sur la nécessité de mettre le droit positif en harmonie avec la justice éternelle donnèrent à l'ouvrage de Montesquieu un caractère d'utilité pratique. Ces théories se répandirent dans l'Europe entière et contribuèrent à faire disparaître des codes, des coutumes iniques et barbares.

J.-J. Rousseau n'avait ni la science profonde de Montesquieu ni le bon sens railleur de Voltaire. Sorti du peuple, né à Genève, dans une république, il se forma seul par la lecture des Vies de Plutarque et de quelques ouvrages romanesques. Le contraste entre les idées qui fermentaient dans cet esprit puissant et étrange avec les vices d'une société polie et corrompue, le spectacle de tant d'erreurs et de misères joint à son infériorité sociale au milieu d'un monde qu'il méprisait, firent de Jean-Jacques un misanthrope chagrin. Ses premiers ouvrages portent l'empreinte de cette haine contre la société telle que l'avait faite le xviiie siècle. Son discours *sur les progrès des sciences et des arts* est une protestation énergique contre l'influence des gens de lettres. Il en vient à dire que l'*homme qui pense est un être dégradé*. Dans son discours sur l'*inégalité des conditions* on voit se manifester l'espérance d'une égalité chimérique entre tous les hommes. Les principaux ouvrages de J.-J. Rousseau, la *Nouvelle Héloïse* (1759), l'*Émile* (1762), le *Contrat social* (1763), attestent tous le désir de substituer aux idées reçues des théories paradoxales sur la morale, l'éducation et la nature des gouvernements. Les erreurs de Rousseau étaient revêtues d'un style séduisant et mêlées de quelques vérités qu'il savait rendre plus attrayantes par les charmes de son imagination. Il eut des admirateurs passionnés et des disciples qui ne furent que trop zélés pour l'application de ses théories.

En même temps que les philosophes propageaient l'esprit de réforme, il se formait une école plus pratique, celle des économistes, qui répandait des idées nouvelles sur la nature et la répartition des impôts, sur la création et la distribution des richesses. Au commencement du XVIIIe siècle, Vauban, célèbre par les fortifications dont il entoura Lille, Strasbourg et tant d'autres places, avait publié un ouvrage intitulé la *Dîme royale*, où il proposait de substituer un impôt unique aux taxes multipliées dont la France était écrasée. La dîme royale devait varier, suivant une échelle proportionnelle, du vingtième au dixième du revenu. Vauban, en présentant son livre à Louis XIV, en 1707, insistait principalement sur les dangers de l'inégalité en matière d'impôts et sur l'inconvénient de ces taxes nombreuses et de nature si diverse que le moyen âge avait léguées au XVIIIe siècle et qui souvent variaient de province à province. Louis XIV accueillit mal les idées de Vauban ; son livre fut prohibé et l'auteur disgracié. « De ce moment, dit Saint-Simon, ses services, sa capacité militaire unique en son genre, l'affection que le roi y avait mise jusqu'à croire se couronner de lauriers en l'élevant, tout disparut à l'instant à ses yeux ; il ne vit plus en lui qu'un insensé pour l'amour du bien public et qu'un criminel qui attentait à l'autorité de ses ministres, par conséquent à la sienne. Le malheureux maréchal, porté dans tous les cœurs français, ne put survivre aux bonnes grâces de son maître ; il mourut peu de mois après. » Les idées généreuses de Vauban et de quelques-uns de ses contemporains restèrent longtemps sans application. Enfin, dans la seconde moitié du XVIIIe siècle, l'école des économistes chercha à fonder la science de la richesse, qui devait améliorer le sort des peuples en accroissant l'opulence des États.

Adam Smith.—François Quesnay, médecin de Louis XV, fut un des premiers propagateurs de l'*économie politique*. Il s'était occupé dès sa jeunesse des habitants des campagnes, et son but constant fut de rendre leur condition plus tolérable. Plusieurs articles de l'*Encyclopédie* écrits par Quesnay, et entre autres, les articles *Grains*, *Fermiers*, etc., attestent son zèle pour l'agriculture. Il y voyait la principale source de la richesse nationale. Il eut un grand nombre de disciples parmi lesquels on remarque Turgot. D'autres économistes, tels que Gournay, plaidèrent la cause du commerce et de l'industrie et réclamèrent une entière liberté pour les transactions commerciales. Ils attaquaient les corporations industrielles, utiles au moyen âge, mais devenues un obstacle à tous les progrès et entretenant un monopole nuisible aux consommateurs. Enfin l'Écossais Adam Smith (1723-1790) résuma avec plus de netteté les idées des économistes dans ses *Recherches sur la nature et les causes de la richesse des nations* (1776). Il plaça la source principale des richesses dans le *travail*, et demanda, comme les économistes français, qu'il fût affranchi des entraves que la routine et la fiscalité lui avaient imposées. Ces théories, qui ont été l'objet de justes critiques, eurent à cette époque l'avantage de signaler les abus et de provoquer des réformes.

Progrès des sciences. — Un des caractères principaux du xviii° siècle est d'avoir donné une puissante impulsion aux découvertes scientifiques. La méthode d'observation et d'expérimentation dont Bacon avait tracé les règles fut rigoureusement appliquée et produisit d'admirables résultats. Il y eut des sciences créées, comme la chimie; d'autres, comme l'histoire naturelle et la physique, firent d'immenses progrès; Benjamin Franklin (1706-1790), dont le rôle politique a été indiqué plus haut, se fit un nom glorieux dans les sciences : il reconnut et démontra, par des expériences certaines, la distribution de l'électricité sur les deux surfaces intérieure et extérieure des bouteilles de Leyde. Il constata le premier le pouvoir qu'ont les pointes de déterminer lentement, et à distance, l'écoulement de l'électricité, et conçut le projet de faire descendre ainsi sur la terre l'électricité des nuages, si toutefois les éclairs et la foudre étaient les effets de l'électricité. Un jeu d'enfant lui servit à résoudre ce hardi problème : il lança un cerf-volant par un temps d'orage, suspendit une clef au bas de la corde et essaya d'en tirer des étincelles. D'abord ses tentatives furent inutiles ; enfin une petite pluie étant survenue mouilla la corde, lui donna ainsi un faible degré de conductibilité, et à la grande joie de Franklin, le phénomène eut lieu comme il l'avait espéré ; si la corde avait été plus humide ou le nuage plus intense, il aurait été tué et sa découverte périssait probablement avec lui. Franklin comprit le parti qu'on pouvait tirer de cette découverte pour préserver les édifices de la foudre: ainsi naquirent les paratonnerres, qui furent en peu de temps adoptés en Amérique et en Europe.

Lavoisier (1743-1794) est considéré avec raison comme le créateur de la chimie. Après de nombreuses expériences, il reconnut que les combustions sont le produit de l'air essentiellement respirable avec les corps, et que l'air fixe en particulier est le produit de son union avec le charbon. Combinant cette idée avec les découvertes de Black et de Wilke sur la chaleur latente, il considéra la chaleur qui se manifeste dans les combustions comme étant dégagée de cet air respirable qu'elle était auparavant employée à maintenir à l'état élastique. « Ces deux propositions, dit Cuvier (*École Lavoisier*) constituent ce qui appartient en propre à Lavoisier dans la nouvelle théorie chimique, et sont en même temps la base et le caractère fondamental de cette théorie. La première fut nettement énoncée, en 1775, dans un mémoire lu à l'Académie des sciences; l'auteur développa par degrés la seconde, pendant les deux années suivantes, et il les appliqua successivement l'une et l'autre à la théorie de la formation des acides et de la respiration des animaux. La nouvelle chimie était créée : il fallait, par un enseignement méthodique, la mettre à la portée de tous. Tel fut le but de l'ouvrage intitulé : *Méthode de nomenclature chimique*, que Lavoisier publia en 1787. Une terminologie simple et claire fut substituée aux termes bizarres et mystérieux que la chimie ancienne avait empruntés de l'alchimie. Enfin, ce qui contribua le plus à la propagation de la doctrine nouvelle, ce fut le *Traité élémentaire de chimie* par Lavoisier, qui parut en 1789. Ce chimiste fut une des victimes de la terreur révolutionnaire. Il était fermier général, et sa fortune devint un crime ; il fut condamné à mort par le tribunal révolutionnaire et périt sur l'échafaud, le 8 mai 1794.

Les sciences naturelles eurent leur législateur dans Linné, leur poète et leur historien dans Buffon. Linné, né en Suède (1707) publia, dès 1735, un ouvrage latin intitulé : *Systema naturæ* (Système de la nature). Il y classait dans un ordre méthodique les trois règnes de la nature. Le règne minéral placé le premier se divisait en pierres comprenant les sels, les combustibles et les métaux, et en fossiles dans lesquels se rangeaient les terres, les concrétions et les pétrifications. Le règne végétal y était divisé d'après le nombre des pistils et des étamines. Enfin le règne animal se partageait en quadrupèdes, oiseaux, reptiles, poissons, insectes et vers. Linné ne cessa de perfectionner et d'étendre ce plan du *Système de la nature*. Ce fut surtout à la botanique que le naturaliste suédois appliqua la sagacité de son esprit. Il publia en 1736 un petit volume intitulé : *Fundamenta botanica* (Fondements de la botanique). Il contenait, en soixante-cinq aphorismes, toutes les règles qui devaient conduire à une botanique plus régulière qu'il n'en avait existé jusque-là. La *Bibliothèque botanique*, publiée également en latin (1736), et la Classification des plantes (*Classes plantarum*, 1738), préparèrent la

Philosophie de la botanique (*Philosophia botanica*), qui ne parut qu'en 1751. On trouve dans ce dernier ouvrage, dit G. Cuvier, des preuves de la finesse d'esprit le plus rare et de la profondeur d'observation la plus étonnante. Il est devenu en quelque sorte une loi fondamentale, reconnue de tous les botanistes, et à laquelle ils se conforment avec soin pour leurs descriptions, pour l'emploi de leurs termes, et jusque dans le choix des noms qu'ils sont sans cesse obligés de créer pour désigner les plantes que Linné n'a point connues. Linné mourut en 1778.

Buffon (1707-1788), né à Montbard, en Bourgogne, n'est pas moins célèbre par la beauté de son style que par ses recherches en histoire naturelle. Il débuta dans les sciences par la traduction de la *Statique des végétaux* de Haller, et le *Traité des fluxions* de Newton. Il fut nommé membre de l'Académie des sciences dès 1733, et chargé en 1739 de la direction du Jardin du Roi. Dès ce moment, il s'occupa avec zèle de l'histoire naturelle, qui n'avait été écrite, dans les temps modernes, que par des compilateurs sans talent. Il résolut de réunir l'exactitude et le détail des observations des modernes au plan vaste et à l'éloquence de Pline, aux vues profondes et philosophiques d'Aristote. Il se sentait la force de tête propre à embrasser ce vaste ensemble, et l'imagination nécessaire pour le peindre ; mais il n'avait ni la patience ni les organes physiques convenables pour observer et pour décrire des objets si nombreux et souvent si minutieux. Il s'attacha un de ses compatriotes, Daubenton, en qui il avait reconnu dès l'enfance les qualités qui lui manquaient à lui-même, et, après dix années d'un travail opiniâtre, ils firent paraître les trois premiers volumes de l'*Histoire naturelle*. De 1749 à 1767, ils publièrent successivement les quinze premiers volumes, qui traitent de la théorie de la terre, de la nature des animaux, de l'histoire de l'homme et de celle des quadrupèdes vivipares. Buffon y déploya la magnificence de son style ; il ne cessa de travailler à ce grand ouvrage jusqu'à sa mort, sans pouvoir le terminer. Les parties qu'il avait achevées ont suffi pour l'immortaliser. L'élévation des idées, la pompe et la majesté des images, la noble gravité de l'expression, l'harmonie soutenue du style ont obtenu d'unanimes éloges. On a justement critiqué quelques-unes des théories de Buffon, mais son mérite comme écrivain est resté incontesté. Buffon a popularisé les sciences naturelles et élevé un des plus beaux monuments de la littérature française.

Dans les sciences mathématiques, Laplace et Lagrange se sont

montrés les dignes successeurs de Descartes et de Newton. Laplace
(1749-1827), né à Beaumont, en Normandie, se signala de bonne
heure par son génie pour les mathématiques, et spécialement pour
l'astronomie mathématique. Les mémoires qu'il lut à l'Académie des
sciences le firent admettre dans cette compagnie savante en 1773.
Il s'associait en même temps à Lavoisier pour des *recherches sur le
calorique* et sur la *théorie des vapeurs et de l'électricité*, à Condorcet
pour des *travaux de statistique*. Pendant la révolution, il commença
son plus grand ouvrage, la *Mécanique céleste* (1799-1825). L'*Exposition du système du monde* (1796) et plusieurs traités de mathématiques attestent le génie puissant et fécond de cet astronome.—Lagrange (1736-1813), né à Turin, mais de parents français d'origine,
ne se distingua pas moins que Laplace dans les sciences mathématiques. Avant vingt-trois ans, il avait remporté cinq fois le grand prix
proposé par l'Académie des sciences de Paris sur les questions les
plus difficiles. Euler le désigna, à cette époque, pour le remplacer à
l'Académie de Berlin. Il habita la Prusse pendant vingt ans et y publia
un grand nombre de mémoires. Après la mort de Frédéric II (1786),
Lagrange vint s'établir en France et y resta jusqu'à sa mort. Il a laissé
beaucoup d'ouvrages fort estimés, et entre autres un *Traité de mécanique analytique* (1787), la *Théorie des fonctions analytiques* (1797),
la *Résolution des équations numériques* (1798), des *Leçons sur le
calcul des fonctions*, etc. Lagrange fut, comme Laplace, comblé
d'honneurs par Napoléon ; il fut nommé successivement sénateur,
grand officier de la Légion d'honneur, comte de l'empire. Il mourut
à Paris, le 10 avril 1813.

Le physicien Volta, né à Côme, s'est immortalisé par la découverte
de l'appareil électromoteur connu sous le nom de *pile de Volta*. Il
fut conduit par les travaux de Galvani à rechercher comment l'électricité se développait par le contact des corps. Galvani, professeur
de physique à Bologne, faisant des expériences sur l'excitabilité des
organes musculaires par l'électricité en mouvement, employait à cet
usage des grenouilles récemment tuées et écorchées, dont il coupait
la colonne dorsale pour isoler et mettre à nu les nerfs lombaires ; il
réunissait ensuite ces nerfs par un fil métallique, recourbé en crochet, pour suspendre le tout aux conducteurs de la machine électrique. Ayant un jour suspendu plusieurs des grenouilles écorchées
au balcon de fer d'une terrasse, il remarqua que leurs pieds et leurs
jambes dépouillés entrèrent en convulsion spontanée. Il en conclut
l'existence d'une électricité particulière qu'il appela *électricité ani-*

male. Volta, qui étudiait depuis longtemps les actions électriques, répéta les expériences de Galvani, et reconnut que le principe d'excitation résidait dans les métaux, et il en vient à constater que le développement de l'électricité par le simple contact ne s'appliquait pas seulement aux métaux, mais à tous les corps hétérogènes, quoique avec des degrés d'intensité différents. Ce principe général le conduisit à la construction de la pile ou appareil électromoteur, qui a pour but d'exciter un courant électrique continu à travers les corps conducteurs que l'on place entre ses pôles. Ce courant est devenu l'agent de décomposition et de composition le plus actif que la chimie ait jamais possédé, et a été fécond en découvertes scientifiques et en applications industrielles. L'expérience de Galvani avait eu lieu en 1789. Volta adressa, en 1792, à la société royale de Londres ses premières observations sur le développement de l'électricité dans le contact des corps, et, en 1800, il fit part à la même société de la découverte de l'appareil électromoteur. En 1801 Bonaparte, maître de l'Italie, appela Volta à Paris, et dans la suite il le nomma sénateur et comte. En 1802, l'Académie des sciences admit Volta au nombre de ses membres. Ce physicien a vécu jusqu'en 1826.

Les découvertes géographiques reculèrent, au xviii⁰ siècle, les limites du monde connu. Le capitaine anglais Cook (1728-1779) a été un des intrépides navigateurs de cette époque et un de ceux qui ont le plus contribué à faire connaître l'Océanie. Il entreprit son premier voyage de découvertes en 1768, et, après avoir relâché à Madère et au Brésil, il doubla le cap Horn et entra dans le grand Océan ou océan Pacifique. Il reconnut plusieurs îles de la Polynésie et relâcha à Otaïti (1769). Il s'établit sur le rivage pour faire les observations astronomiques dont l'avait chargé la société royale de Londres. Lorsqu'il les eut terminées, il quitta Otaïti, laissant à cette île et au groupe dont elle fait partie le nom d'*îles de la Société*, parce que les indigènes avaient montré un caractère doux et sociable. Cook visita ensuite la Nouvelle-Zélande, traversa le détroit qui la sépare en deux îles et qui a pris le nom de *détroit de Cook*, reconnut le canal situé entre la Nouvelle-Hollande et la terre de Van-Diémen, parcourut les côtes de la Nouvelle-Hollande et de la Nouvelle-Guinée, puis entra dans l'océan Indien et relâcha à Batavia (1770). Enfin, après avoir doublé le cap de Bonne-Espérance, il revint en Angleterre en 1771. Il en partit l'année suivante pour un second voyage qui dura trois ans. Après avoir visité les mers australes, il relâcha à la Nouvelle-Zélande, aux îles de la Société et à celle des Amis; il découvrit la Nouvelle-Calédonie, visita la terre de la Roche et les îles Sandwich, et revint en Angleterre en 1775. Il entreprit un troisième voyage de découvertes en 1776, toucha à la terre de Van-Diémen et à la Nouvelle-Zélande, visita de nouveau les îles de la Société et les îles Sandwich et se dirigea vers la côte nord-ouest de l'Amérique septentrionale dans l'espérance de trouver un passage entre l'océan Pacifique et la mer d'Hudson. Après plusieurs tentatives, Cook fut arrêté par les glaces et obligé de revenir vers les îles Sandwich. Il périt assassiné, en 1779, par les indigènes d'Owhihée, une des îles de cet archipel.

Les navigateurs français eurent aussi leur part dans les découvertes géographiques de cette époque. A leur tête se place Bougainville (1729-1811). Après s'être distingué dans les guerres que la France soutint contre l'Angleterre au xviiiᵉ siècle, Bougainville entreprit, avant le capitaine Cook, un voyage de découvertes qui l'a immortalisé. Il pénétra dans l'océan Pacifique par le détroit de Magellan, reconnut le premier le groupe d'îles auquel il donna le nom d'*archipel Dangereux*, entre le 17ᵉ degré et le 19ᵉ et demi de latitude sud. De là il se rendit à Otaïti, où il relâcha. Il découvrit ensuite l'archipel des Navigateurs, traversa les îles qu'on a nommées dans la suite les *Nouvelles-Hébrides*, reconnut les îles de la Louisiane, de Salomon et la grande île qui a conservé le nom de *Bougainville*. Enfin, après avoir longé les côtes de la Nouvelle-Irlande et de la Nouvelle-Guinée, il entra dans l'Océan Indien, relâcha à Batavia et revint en France en doublant le cap de Bonne-Espérance. Il arriva à Saint-Malo en 1769, et publia, dès 1771, son *Voyage autour du monde*, qui eut un succès prodigieux. Son caractère s'y peint avec vérité; marin intrépide, il conservait son sang-froid au milieu des périls et montrait une gaieté et une vivacité qui se communiquaient à ses compagnons. Nommé, en 1795, membre de l'Institut pour la section des sciences, Bougainville vécut jusqu'en 1811, toujours exempt d'infirmités et conservant jusque dans une extrême vieillesse la vivacité et les charmes de l'esprit. On ne peut oublier, en parlant des navigateurs français au xviiiᵉ siècle, l'infortuné Lapérouse, qui, après avoir enrichi la science géographique de nombreuses découvertes, périt en 1788, sur les récifs de Vanikoro. Louis XVI, qui montra un zèle éclairé pour les expéditions maritimes, avait lui-même examiné et annoté les instructions données à Lapérouse.

N° 15.

Lutte de la Suède et de la Russie. — Charles XII et Pierre le Grand.

Lutte de la Suède et de la Russie.—La Suède avait eu longtemps le premier rang entre les puissances de l'Europe septentrionale. Depuis que Gustave Vasa l'avait affranchie de la domination du Danemark, elle avait conquis l'Ingrie, la Carélie, la Livonie, qui lui donnaient la côte orintale de la Baltique ; Gustave-Adolphe s'était emparé de la Poméranie et de plusieurs villes d'Allemagne, dont la paix de Westphalie avait confirmé la possession à la Suède. Un de ses successeurs, Charles-Gustave (1654-1660), avait été un instant maitre de la Pologne et avait menacé Copenhague. Charles XI (1660-1697), après avoir été l'allié fidèle de Louis XIV, s'était vu dans ses dernières années médiateur entre les principales puissances de l'Europe. Il laissa, en 1697, la couronne à son fils Charles XII, qui était encore mineur. La Russie, le Danemark et la Pologne, jaloux de la grandeur de la Suède, profitèrent de cette circonstance pour l'attaquer. Les Danois envahirent le Sleswick, qui appartenait au duc de Holstein-Gottorp, beau-frère de Charles XII, pendant que le roi de Pologne, Frédéric-Auguste, et le czar Pierre Ier, pénétraient en Livonie. Charles XII montra, dans ce pressant danger, beaucoup d'énergie et d'habileté.

Charles XII et Pierre le Grand.—A l'âge de dix-huit ans, Charles XII prit le commandement de ses armées, et vint attaquer Copenhague à la tête de trente vaisseaux de ligne, auxquels se joignirent quelques bâtiments anglais et hollandais. Il débarqua dans l'île de Seeland, et y établit son camp. Copenhague allait être assiégée, lorsque la paix négociée à Traventhal fut signée (8 août 1700), et rendit au duc de Holstein-Gottorp les places que lui avait enlevées les Danois. Ainsi se termina, au bout de quelques mois, la première expédition de Charles XII ; il y avait montré beaucoup d'intelligence et de courage. On remarqua aussi son désintéressement. Il ne demanda rien pour lui-même, et protégea les Danois contre les excès de son armée. Sa table était frugale, et son habillement d'une grande simplicité. Un seul habit bleu avec des boutons de cuivre formait toute sa garde-robe ; il ne portait que des gants de buffle et de grandes bottes couvrant le genou. Le vin était banni de sa table ; il se contentait ordinairement d'un pain grossier, et dormait souvent sur la terre enveloppé de son manteau.

A peine la guerre de Danemark était-elle terminée que Charles XII fit passer vingt mille Suédois en Livonie, et attaqua quatre-vingt mille Russes retranchés dans un camp sous les murs de Narva (novembre 1700). Les Russes furent vaincus, malgré leur supériorité numérique, et laissèrent trente mille hommes sur le champ de bataille. Vainqueur du czar, Charles XII marcha contre le roi de Pologne, le battit sur les bords de la Duna du sud (1701), le poursuivit en Pologne, occupa ce royaume, et fit déposer Frédéric-Auguste par la diète polonaise (1703). Il désigna au choix des électeurs Stanislas Leczinski, qui fut proclamé roi et couronné solennellement dans Varsovie. Charles XII ne s'arrêta pas avant d'avoir accablé Frédéric-Auguste ; il le poursuivit jusqu'en Saxe, et lui imposa un traité par lequel ce prince renonçait à la couronne de Pologne (1706).

Après avoir vaincu et détrôné Auguste, Charles XII marcha contre le czar, qui était alors en Lithuanie (1707). Il l'en chassa et le rejeta au delà du Dniéper (Borysthène). Vainqueur à Smolensk, Charles XII s'enfonça dans l'Ukraine (1708), vaste contrée occupée par les Tartares. Leur chef ou hetman était alors Mazeppa, qui avait fait un traité secret avec le roi de Suède ; mais, chassé par les Russes, il ne put fournir à Charles XII les secours qu'il lui avait promis. Les rigueurs de l'hiver de 1709, encore plus terrible au milieu des steppes de l'Ukraine, et la famine, firent périr une grande partie de l'armée suédoise. Ce fut alors que Pierre le Grand vint l'attaquer près de Pultava ou Poltava (1709), et remporta une victoire décisive. Charles XII, réduit à fuir, se retira chez les Turcs, et trouva un asile à Bender, ville de la Bessarabie. Il parvint à armer les Turcs contre les Russes, et dans une guerre de deux ans (1711-1713) la Russie courut de sérieux dangers ; mais le traité du Pruth suspendit les hostilités en 1713, et Charles XII fut transféré, malgré sa résistance désespérée, de Bender à Andrinople. Il parvint à s'échapper de cette ville en 1714, et vola au secours de la Suède qui était menacée par une coalition de la Russie, du Danemark, de la Pologne et de la Prusse (1715). Charles XII n'avait rien perdu de son audace. Attaqué de toutes parts, il méditait un bouleversement de l'Europe. Il voulait s'allier avec Alberoni, les Stuarts et les princes légitimés de France, pour changer la situation des États telle que

5.

l'avaient faite les traités d'Utrecht et de Rastadt. C'était toujours le même génie aspirant aux grandes choses, sans tenir compte des obstacles, et prenant la témérité pour le courage. Charles XII périt au siège de Friedrichshall en Norwége (1718), laissant la Suède épuisée de ce dernier et gigantesque effort. Ulrich-Éléonore, qui succéda à son frère, fut forcée de signer avec les puissances coalisées la paix de Ny-stadt (1721). Elle cédait au Hanovre Brême et Verden, conquêtes de Gustave-Adolphe; à la Prusse, Stettin et une partie de la Poméranie; à la Russie, la Livonie, l'Esthonie, l'Ingrie et la Carélie (province de Saint-Pétersbourg).

La Russie devint, à partir de cette époque, l'État prépondérant dans l'Europe septentrionale. On la regardait à peine, avant ce siècle, comme une nation européenne. Dominée au moyen âge par les Tartares de la horde d'Or, elle ne s'était affranchie qu'à la fin du xve siècle, sous le règne d'Ivan ou Jean III (1462-1505). Elle avait alors pour capitale Moscou. Ivan IV (1533-1584) soumit les Tartares de Kasan et d'Astrakhan, débris de la horde d'Or; le port d'Arkangel fut fondé sur la mer Blanche (1553), et la Sibérie découverte (1577). Plongée dans l'anarchie après l'extinction de la maison de Rurik (1598), la Russie n'en sortit qu'à l'avénement des Romanow (1613). Cette dernière dynastie, qui règne encore aujourd'hui, est celle qui a fondé la grandeur de la Russie, et en a fait une monarchie européenne. La Russie, sous Pierre le Grand et Catherine II, s'est enrichie des dépouilles de la Suède, de la Pologne et de la Turquie, et a fondé des ports sur les quatre mers qui la baignent (mer Baltique, mer Blanche, mer Noire, mer Caspienne).

Pierre le Grand avait succédé dès 1682 à son frère Fédor ou Théodore II; mais ce fut seulement en 1689 qu'à la tête des troupes régulières récemment organisées, il parvint à enlever le pouvoir à sa sœur Sophie, et devint le véritable souverain de la Russie. Il voulut donner à ce pays une marine, et se fit lui-même marin; il s'embarqua sur la mer Blanche et y navigua pendant plusieurs mois (1692). Il entra, en 1695, dans la coalition que la Pologne, l'Autriche et Venise avaient formée contre la Turquie, et lui enleva Azoff (1696). L'année suivante, Pierre le Grand commença les voyages qui avaient pour but d'initier la Russie à la civilisation européenne; il visita la Prusse et la Hollande (1697), s'arrêta surtout dans ce dernier pays, et travailla lui-même dans les chantiers de Saardam. De là il passa en Angleterre, où il resta trois mois (1698), étudiant avec soin la marine, l'industrie et le commerce, qui faisaient déjà de cette contrée une des premières puissances du monde. Après avoir visité l'Angleterre, Pierre le Grand se rendit à Vienne, d'où il comptait passer en Italie ; mais une révolte des strélitz le rappela en Russie. Cette garde des czars prétendait, comme les prétoriens de Rome et les janissaires de Turquie, imposer ses volontés aux souverains. Ils redoutaient les réformes de Pierre, qui voulait introduire la discipline dans les armées en même temps que l'ordre et la grandeur dans l'État. Le czar réprima cruellement les excès des strélitz, et abattit de sa main la tête de plusieurs d'entre eux. Les principaux nobles, que les Russes appellent boyards, furent forcés de suivre son exemple. Dès lors Pierre le Grand marcha avec plus d'énergie dans la voie des réformes. Il changea le calendrier (1699) pour le mettre en harmonie avec celui des nations européennes : l'année russe commençait au 1er septembre ; Pierre le Grand en fixa le commencement au 1er janvier. Les longues barbes des Moscovites et les robes flottantes qui rappelaient l'Asie furent frappées d'un impôt. Ces réformes rencontrèrent souvent des obstacles et provoquèrent même des révoltes ; mais Pierre le Grand avait la force de volonté qui triomphe des difficultés. D'ailleurs ses succès dans la lutte contre Charles XII (1707-1718) contribuèrent à dompter toutes les résistances. Ce fut pendant cette guerre que Pierre donna une nouvelle capitale à la Russie et fonda Saint-Pétersbourg.

Dès le commencement du xvie siècle, les Russes avaient tenté de s'ouvrir le chemin de la Baltique et de fonder sur cette mer une ville qui les rapprochât des nations européennes ; mais Ivan III, vaincu par les chevaliers teutoniques, n'avait pu réaliser ce projet. Pierre le Grand, après avoir conquis l'Ingrie et la Carélie, jeta les fondements d'un port sur la Baltique (1703), et bientôt le village de Kantzi devint une ville considérable sous le nom de Saint-Pétersbourg. En peu d'années, cette ville, où Pierre le Grand introduisit le luxe et les arts de l'Europe, rivalisa avec les plus brillantes cités. Elle fut éclairée comme Paris et soumise à une active surveillance qui y entretint la sûreté et la propreté. Des Français y établirent des manufactures de glaces et de tapisseries à l'imitation de celles des Gobelins. Dans son second voyage en Europe (1716-1717), le czar visita le nord de l'Allemagne, le Danemark et la France. Il témoigna, dans ce dernier pays, son admiration pour Richelieu. A la vue de la statue de ce ministre dans l'église de la Sorbonne, il s'écria : « Grand homme, je t'aurais donné la moitié de mon royaume pour apprendre de toi à gouverner l'autre. » A la Monnaie, on frappa en sa présence une médaille dont la légende empruntée à Virgile était une allusion ingénieuse aux résultats féconds de tant de voyages ; *Vires acquirit eundo* (il acquiert des forces en parcourant le monde).

Pierre fut encore rappelé dans ses États par une révolte. Son fils Alexis s'était laissé entraîner par le parti rétrograde qui blâmait les réformes du czar. Alexis tenta vainement de se dérober par la fuite au ressentiment de son père. Il s'était réfugié à Vienne, puis à Naples. Il en fut enlevé par ordre de Pierre, ramené en Russie et condamné à mort. La sentence fut exécutée (1718), et Pierre prouva une fois de plus que la civilisation européenne n'avait pas effacé en lui la barbarie du Tartare. La paix de Nystadt (1721), qui assura à la Russie la possession de la côte orientale de la Baltique, porta à son comble la gloire et la puissance de Pierre le Grand. Tout lui devint possible ; il supprima la dignité de patriarche (1721) et le czar devint le chef de la religion dans ses États. Il se fit donner le droit de désigner son successeur (1722). Enfin, dans une guerre contre la Perse, il s'empara de Derbent sur la mer Caspienne (1722) et prépara la domination russe sur les provinces du Caucase. Pierre le Grand mourut en 1725, laissant deux filles, Anne et Élisabeth. Malgré les actes de cruauté qui souillent son histoire, la postérité lui a décerné le nom de Grand, parce qu'il imposa à la Russie une civilisation supérieure, lui donna l'empire de la Baltique et organisa la marine, l'armée, les écoles, les manufactures, les finances. Il fut, en un mot, le véritable créateur de la puissance russe.

N° 14.

Catherine II.—Partage de la Pologne.— Guerres de la Russie contre la Suède et la Turquie.

Catherine II (1762-1796.)—Entre Pierre le Grand et Catherine II, dans un intervalle de trente-sept ans, les czars continuèrent à développer la puissance russe. Sous la czarine Anne (1730-1740), ils s'emparèrent d'Ozoff que les Turcs avaient repris en 1713 et fondèrent le port d'Aczakoff sur la mer Noire. Élisabeth, qui régna de 1744 à 1762, enleva aux Suédois une partie de la Finlande et joua un rôle important dans la guerre de Sept ans. Enfin Catherine II, s'étant emparée du pouvoir après le meurtre de son mari (1762), démembra la Pologne et enleva à la Turquie la Crimée et les côtes septentrionales de la mer Noire.

Partage de la Pologne.—La Pologne était depuis longtemps affaiblie par une constitution anarchique. Elle avait eu à la fin du xviie siècle un héros, Jean Sobieski ; mais il lui manqua un législateur qui modifiât ses institutions et fortifiât le pouvoir. Catherine II profita de cette anarchie pour imposer à la Pologne un de ses favoris. Stanislas Poniatowski, qu'elle fit reconnaître roi à la mort de Frédéric-Auguste II (1763). La soumission du nouveau roi aux volontés de la Russie excita l'indignation d'une partie des nobles polonais ; ils formèrent une confédération pour rendre à la Pologne la puissance et la liberté. Les Russes profitèrent des troubles qu'ils avaient fomentés en Pologne pour l'envahir, et, en 1771, Souwarow s'empara de ce pays. Le Prusse et l'Autriche s'entendirent avec la Russie pour démembrer la Pologne (1772). On fit quatre parts de ce malheureux royaume : l'Autriche eut la Gallicie ; la Prusse, le duché de Posen et la province de Prusse occidentale avec le port de Dantzig ; la Russie se contenta d'une partie de la Lithuanie (provinces de Polosk et de Witepsk). La quatrième partie, sous le nom de *royaume de Pologne*, fut laissée à Stanislas Poniatowski, avec une constitution qui devait y perpétuer l'anarchie et en préparer la ruine. Les puissances qui venaient d'accomplir cette iniquité, forcèrent la diète de Varsovie de ratifier le partage de la Pologne. Les troubles ne cessèrent de désoler ce royaume et furent suivis de deux nouveaux démembrements (1793 et 1795), dans lesquels la Russie, profitant de ce que la Prusse et l'Autriche étaient engagées dans une guerre contre la révolution française, prit la part la plus considérable. Toute l'ancienne Lithuanie fut incorporée à son empire.

Guerres de la Russie contre la Suède et la Turquie.—Deux puissances tentèrent de défendre la Pologne : ce fut la Turquie et la Suède. La Turquie, la première, déclara la guerre aux Russes en 1769 ; mais elle n'était pas en état de lutter contre eux. Le général russe Romanzoff envahit la Moldavie et la Valachie, pendant qu'une flotte russe pénétrait dans la mer Méditerranée, soulevait la Morée contre les Turcs et brûlait les vaisseaux du sultan dans l'Archipel. L'intervention de l'Autriche fit conclure, en 1774, la paix de Kaynardgi, près de Silistria (Bulgarie). La Russie conservait par ce traité Azoff et quelques places sur la mer Noire ; l'indépendance des Tartares de Crimée était reconnue, et les Russes pouvaient naviguer librement sur la mer Noire et dans l'Archipel. La Russie ne fit qu'ajourner ses projets de conquête. En 1784, elle s'empara de la Crimée dont le traité de Kaynardgi avait proclamé l'indépendance. Potenkim soumit cette contrée, et, en 1787, Catherine II alla en prendre possession. Reçue par le roi de Pologne, par l'empereur d'Allemagne Joseph II, marchant au milieu des acclamations de vingt peuples réunis à la hâte sur son passage, la czarine s'avança jusqu'à Kherson. Une inscription placée sur la route qu'elle parcourait portait ces mots significatifs : *Route de Byzance*. Les Turcs s'inquiétèrent avec raison et renouvelèrent la guerre contre la Russie (1787-1791). Ils avaient pour allié le roi de Suède, Gustave III, qui s'alarmait aussi des progrès de Catherine. Les Russes furent vainqueurs sur tous les points : ils enlevèrent la Finlande à la Suède (1788-1790), et après plusieurs victoires sur les Turcs, ils leur imposèrent, en 1791, la paix de Szistowa (Bulgarie), par laquelle ils conservaient la Crimée et les bords de la mer Noire, entre autres les ports de Kherson, d'Oczakoff et d'Odessa. Le Dniester devint la limite de la Russie et de la Turquie. Si l'on ajoute la réunion de la Courlande (1793), de toute l'ancienne Lithuanie par le troisième partage de la Pologne (1795), les progrès des Russes du côté de la Géorgie, le développement du commerce et de l'industrie, l'ouverture d'un canal pour réunir la Baltique et la Caspienne, des relations chaque jour plus fréquentes avec l'Europe, les voyages de découverte dans l'Asie septentrionale et dans les mers glaciales, l'établissement de caravanes avec la Perse et la Chine, on aura une idée des vastes progrès accomplis par la Russie à la fin du xviii° siècle. La czarine Catherine II y avait puissamment contribué par l'énergie de son caractère et l'étendue de son esprit. Elle correspondait avec les philosophes français, alors arbitres de l'opinion publique, et cherchait à les séduire par ses flatteries. Elle y réussit, et ils ont contribué à faire oublier les désordres de cette princesse, le crime qui l'avait élevée au trône, et l'iniquité du partage de la Pologne. Catherine mourut en 1796 et fut remplacée par son fils Paul 1er.

N° 15.

Puissance maritime et coloniale de l'Angleterre. — Conquêtes des Anglais aux Indes orientales.

Puissance maritime et coloniale de l'Angleterre. — L'Angleterre est, avec la Russie, la puissance qui s'est le plus agrandie au xviiie siècle. Sous Guillaume III (1688-1702), sous la reine Anne (1702-1714), et pendant les règnes des premiers souverains de la maison de Hanovre, Georges Ier (1714-1727) et Georges II (1727-1760), elle profita des guerres du continent pour étendre son système colonial, donner à sa marine des proportions gigantesques, fonder un empire aux grandes Indes et enlever à la France, à l'Espagne, à la Hollande, une partie de leurs colonies ; mais au moment où elle paraissait toucher au faîte de la grandeur, le soulèvement des colonies de l'Amérique septentrionale lui donna une rivale qui devait un jour lui disputer l'empire des mers. Dès le temps de la reine Anne (1702-1714), l'Angleterre avait plus de deux cents vaisseaux de guerre qui portaient près de dix mille canons et de cinquante mille hommes. Elle s'était emparée de Gibraltar à l'entrée de la Méditerranée (1704); elle possédait en Amérique une partie des Antilles et principalement la Jamaïque, les îles de Bahama, la plupart des contrées qui forment maintenant les États-Unis ; elle avait enlevé à la France Terre-Neuve et l'Acadie (Nouvelle-Écosse) ; sur la côte d'Afrique, elle avait conquis le Sénégal, qu'elle conserva pendant près de vingt années ; enfin, aux grandes Indes, les Anglais avaient plusieurs comptoirs, Surate et Bombay sur la côte du Malabar, Madras sur la côte de Coromandel, Calcutta au Bengale et le fort de Bencoolen dans l'île de Sumatra. La décadence de l'empire du Grand Mogol et la ruine de la marine française dans la guerre de Sept ans assurèrent le triomphe de l'Angleterre aux grandes Indes, et elle y fonda un vaste empire, pendant la seconde moitié du xviiie siècle.

Conquêtes des Anglais aux Indes orientales.—Les Anglais s'emparèrent en 1760 de Masulipatam et en 1761 de Pondichéri, principale colonie française sur la côte de Coromandel. Ces conquêtes ne pouvaient être avantageuses que s'ils s'établissaient solidement dans les vastes contrées qui s'étendent à l'embouchure du Gange. Ils y possédaient déjà Calcutta et le fort William ; profitant d'une attaque du nabab ou roi indien du Bengale, lord Clive, qui commandait les forces anglaises sur la côte de Coromandel, envahit le Bengale, triompha avec quelques milliers d'hommes des nombreuses armées des nababs indiens (1757-1763) et soumit une grande partie de l'Indoustan ; mais il souilla ces succès par des actes odieux. Il fit périr par la famine trois millions d'Indiens. Dans la suite, Warren Hastings, un des successeurs de lord Clive dans le gouvernement des grandes Indes, souleva aussi l'indignation par des actes de cruauté et par d'odieuses exactions ; il en résulta un procès qui montra combien était oppressif le système colonial des Anglais. Ces excès provoquèrent des résistances énergiques. Hyder-Ali, sultan de Mysore, s'unit en 1768 avec les nababs du Dekhan pour combattre les Anglais et alla dicter la paix aux portes de Madras. Elle ne fut pas de longue durée. La guerre s'étant renouvelée en 1771, Hyder-Ali s'allia avec les Mahrattes et peu de temps après avec la France et la Hollande pour défendre l'indépendance des Indes. L'Angleterre, alors en guerre avec les Américains, essuya des revers, et se vit sur le point de perdre ses possessions de la côte de Coromandel et du Bengale. Elle finit cependant par diviser ses ennemis, et après la mort d'Hyder Ali elle signa avec Tippoo-Saëb, son fils et successeur, le traité de Mangalore (1784). Libre du côté du Mysore, elle enleva aux Hollandais la ville de Négapatam, et elle l'a conservée depuis cette époque.

Lorsque la paix conclue avec les Américains, la France et les autres puissances européennes permit à l'Angleterre de disposer de toutes ses forces contre le royaume de Mysore, elle rompit le traité de Mangalore, enleva à Tippoo-Saëb, la moitié de ses États (1792) et finit par s'emparer de Seringapatam, capitale de son royaume. Tippoo-Saëb périt en défendant son royaume (1799). Restaient les Mahrattes, dont la résistance était favorisée par les montagnes du Dekhan ; ils n'ont été soumis qu'en 1817. Les Anglais n'ont plus rencontré, depuis la soumission des Mahrattes, d'ennemis redoutables dans l'Indoustan proprement dit. Leur vaste empire, dont Calcutta est la capitale, a pour sujets et pour tributaires presque toutes les populations des Indes orientales. Ils ont établi une chaîne de comptoirs depuis l'Arabie jusqu'aux côtes de la Chine, et dominent ainsi l'entrée de toutes les mers et des grands fleuves qui sont les principales voies du commerce asiatique.

N° 16.

Progrès et soulèvement des colonies anglaises d'Amérique. — Guerre de l'indépendance des États-Unis. —Traité de Versailles.

Progrès des colonies anglaises en Amérique.—Les premières colonies anglaises en Amérique remontent à la fin du xvi⁰ siècle. Walter Raleigh et d'autres navigateurs anglais parcoururent sous le

règne d'Élisabeth l'Amérique septentrionale. De cette époque date
la colonisation de la Virginie, qui tira son nom de la *reine vierge*
(Élisabeth). Il se forma bientôt une compagnie anglaise pour le commerce des Indes occidentales. Plusieurs villes furent fondées : en
1606, James-Town dans la baie de Chesapeak, Boston en 1627, et
Annapolis en 1632. Les colons anglais avaient un caractère particulier qui a puissamment contribué à la prospérité de leurs établissements. La plupart émigraient pour trouver en Amérique la liberté
religieuse que leur refusait l'Angleterre ; ces hommes laborieux et
austères dans leurs principes différaient profondément des colons
espagnols et portugais ; ils ne cherchaient pas comme eux à s'enrichir par une exploitation rapide du pays pour aller jouir ensuite en
Europe de l'opulence acquise dans les comptoirs d'Amérique ou des
Indes orientales. Les Anglais considéraient l'Amérique comme leur
patrie, la fécondaient de leurs sueurs, défrichaient les forêts et con-
quéraient à la civilisation les terres enlevées aux tribus sauvages.
Ainsi se forma une population religieuse, zélée pour le travail et la
liberté. Elle fit de rapides progrès. La Caroline reçut des colons dès
1663, et tira son nom de Charles II qui régnait alors en Angleterre;
elle fut plus tard divisée en Caroline du Nord et Caroline du Sud.
Le philosophe Locke fut chargé de rédiger la constitution de
cet État. La Pensylvanie fut ainsi nommée, en 1682, de Guillaume Penn, chef des quakers, secte qui avait adopté d'étran-
ges principes, mais qui se distinguait par ses habitudes morales et
laborieuses. Le New-Hampshire (1691) fut séparé de l'État de Massachussets. La Nouvelle-Écosse (Acadie) fut cédée par la France en
1713, ainsi que l'île de Terre-Neuve. L'Angleterre avait déjà enlevé
la Jamaïque aux Espagnols (1655). La guerre de Sept ans lui livra
la plupart des Antilles, une partie de la Guyane, la Floride
et le Canada.

Soulèvement des colonies anglaises de l'Amérique septentrionale. —
Il était impossible que ces colonies, surtout celles qu'avaient fondées les puritains bannis de l'Angleterre, ne revendiquassent pas
une part de liberté et d'influence dans un gouvernement parlementaire comme celui de la Grande-Bretagne. Enrichies par le commerce, puissantes par la marine, elles voulurent, comme les provinces européennes, voter l'impôt auquel elles étaient soumises.
Le gouvernement anglais, dirigé depuis l'avénement de Georges III
(1760) par les tories, repoussa les demandes des Américains. En
1765, l'impôt du timbre excita un vif mécontentement. Les Améri-

cains devaient, d'après cette loi, se servir pour toutes leurs transactions de papier timbré sur lequel le gouvernement anglais prélevait un droit. Les Américains firent entendre d'énergiques réclamations qui furent soutenues par l'opposition parlementaire. Le célèbre William Pitt, plus connu sous le nom de lord Chatham, fut un des orateurs qui plaidèrent avec le plus de chaleur la cause des Américains. Le gouvernement, qui s'était avancé avec imprudence, recula avec faiblesse. Il révoqua l'acte du timbre (1766) ; mais il le remplaça bientôt par une taxe sur le thé (1767). Les Américains résolurent de s'abstenir de cette denrée plutôt que de se soumettre au nouvel impôt, et, en 1773, trois vaisseaux chargés de thé étant arrivés à Boston, la population se souleva et jeta la cargaison à la mer. Ce fut le signal de la révolte des colonies anglaises contre leur métropole.

Guerre de l'indépendance des États-Unis (1774-1784).—Les Anglais voulurent réprimer ce soulèvement par la force. Lord North, chef du ministère tory, envoya des troupes qui ne furent pas en état de soumettre les Américains, et ne servirent qu'à les exaspérer. Les Américains réunirent un congrès à Philadelphie, et mirent à leur tête un planteur de la Virginie, nommé Georges Washington. Il délivra Boston, dont les Anglais avaient fait le blocus (1775) ; mais il ne put les empêcher de brûler Charleston. Cet acte de violence décida le congrès américain à rompre définitivement avec l'Angleterre et à se constituer en république indépendante. L'acte fédératif, rédigé en 1776 par Adams, Jefferson et Franklin, comprenait treize États, New-Hampshire, Massachussets, Rhode-Island, Connecticut, New-York, New-Jersey, Pensylvanie, Delaware, Maryland, Virginie, deux Carolines et Géorgie. La nouvelle république prit le titre d'*États-Unis de l'Amérique septentrionale*. Chaque État conserva sa constitution particulière. Quant aux questions d'intérêt général, telles que la guerre, la paix, les ambassades, les impôts, les postes, les différends entre les États de l'Union, etc., elles furent réservées au congrès qui représentait la république tout entière. A partir de ce moment, la guerre prit un caractère particulier d'acharnement. Les généraux anglais Clinton et Cornwallis attaquèrent la Caroline du Sud, pendant que l'amiral Howe menaçait les provinces orientales et que Burgoyne dirigeait les troupes du Canada. Les Anglais eurent d'abord l'avantage. Howe s'empara de New-York, de New-Jersey et de Rhode-Island. Washington, que les Américains lui avaient opposé, n'avait que des troupes peu habituées au métier de la guerre. Cependant il réussit à défendre la province de Delaware, et obtint un léger avantage à Trenton et à Princetown (1777); mais il ne put empêcher les Anglais de prendre Philadelphie. Ce revers fut compensé par la défaite de Burgoyne, qui s'était avancé jusqu'à Saratoga, dans l'État de New-York. Là, il fut enveloppé par les Américains, et huit mille Anglais mirent bas les armes. Cette capitulation de Saratoga (1777) eut grand retentissement, et détermina plusieurs puissances à se déclarer en faveur des Américains.

Les États-Unis avaient envoyé en France Franklin, que l'invention du paratonnerre a immortalisé. Ses découvertes savantes et son courage politique ont été caractérisés avec autant de justesse que de précision dans le vers suivant :

Eripuit cœlo fulmen sceptrumque tyrannis [1].

Franklin fut accueilli en France avec enthousiasme, et conclut un traité avec Louis XVI (1778). L'année suivante, l'Espagne se déclara aussi en faveur des Américains. Le combat naval d'Ouessant, où l'amiral d'Orvilliers balança la puissance maritime de l'Angleterre (1778), l'arrivée d'un grand nombre de Français commandés par Rochambeau et La Fayette, les succès des amiraux de Grasse et d'Estaing en Amérique, du bailli de Suffren dans les Indes orientales, la formation de la ligue appelée *Neutralité armée* (1780) par laquelle la Russie, la Suède, le Danemark, la Prusse, la Hollande s'unissaient pour résister à la domination tyrannique que les Anglais prétendaient exercer sur les mers, enfin, en 1781, la capitulation d'York-Town (Virginie) qui força Cornwallis à déposer les armes avec un corps d'armée de sept à huit mille hommes, assurèrent l'indépendance des États-Unis. L'Angleterre la reconnut par les traités de 1782 et 1784. Elle rendit en même temps la Floride à l'Espagne, et plusieurs Antilles à la France. Depuis cette époque, la république des *États-Unis de l'Amérique septentrionale* n'a cessé d'étendre sa puissance. Indépendants pour leur administration particulière, les États sont gouvernés par un congrès composé d'un sénat et d'une chambre des représentants, et par un président chargé du pouvoir exécutif. Leur marine et leur commerce s'accroissent chaque jour et forment dans l'équilibre des États un contre-poids utile à la puissance maritime de l'Angleterre.

[1] Ravit la foudre au ciel et le sceptre aux tyrans.

N° 17.

Louis XVI.—Turgot et Malesherbes.—Necker.—Assemblée des notables.—Convocation des États généraux.

Louis XVI (1774-1789); Turgot; Malesherbes. — Louis XVI, petit-fils de Louis XV, avait vingt ans à son avénement au trône; il était animé d'excellentes intentions pour le bien du peuple et la prospérité du royaume; mais son caractère ne fut pas assez ferme pour déraciner des abus invétérés et pour prévenir une révolution par une réforme. Il confia la principale autorité au comte de Maurepas qui avait été ministre sous le règne de Louis XV et que Mme de Pompadour avait fait disgracier. Ce choix fut malheureux. Maurepas, d'une frivolité d'esprit impardonnable à son âge, ne comprenait pas la gravité de la situation, et il parut uniquement appliqué à paralyser les réformes que tentèrent quelques-uns des ministres, et principalement Turgot, Malesherbes et Necker. Le premier avait adopté une partie des théories des économistes; il aurait voulu surtout établir l'égalité des impôts et soumettre les classes privilégiées aux mêmes charges que le peuple. Liberté du commerce, suppression des maîtrises et corporations industrielles, tolérance universelle, organisation de l'instruction publique, réforme des monastères, modification dans les administrations provinciales, tels étaient les projets de Turgot. Pour les réaliser, il eût fallu de longues années et une persévérance énergique soutenue par l'autorité royale. Louis XVI, qui approuvait les idées de Turgot, n'eut pas la force de le soutenir. Il le renvoya en disant : « Il n'y a que deux hommes en France qui aiment réellement le peuple, M. Turgot et moi. » Malesherbes, qui avait été appelé au ministère de la justice en même temps que Turgot à celui des finances, partageait ses principes; mais il ne conserva pas longtemps l'espoir de les voir triompher, et il donna sa démission. Turgot plus ferme attendit qu'on le renvoyât du ministère (1776).

Necker. — Après un court intervalle, la direction des finances fut confiée au Génevois Necker, qui s'était fait une grande réputation par ses écrits et surtout par ses succès comme banquier. Le premier ministère de Necker dura de 1776 à 1781; il eut recours aux emprunts et trouva d'abord des ressources dans le crédit public. Il fournit aux dépenses de la guerre d'Amérique, qui releva la marine française ; mais les frais de cette guerre augmentèrent le déficit des finances. Après avoir épuisé toutes les ressources du crédit public, Necker en vint, comme Turgot, à demander l'égale répartition des impôts et la suppression des priviléges. Il fut alors attaqué avec la même violence que Turgot et obligé de donner sa démission (1781). La même année mourut le comte de Maurepas. Calonne, qui succéda bientôt à Necker, fit un instant illusion à la France ; sa maxime était que la cour devait dépenser beaucoup pour donner une impulsion féconde au commerce et à l'industrie. Ce système accrut prodigieusement la dette publique, et il fallut encore revenir au projet d'égale répartition de l'impôt.

Assemblée des Notables. — Convocation des États généraux. — Le roi s'adressa aux privilégiés et convoqua une assemblée des notables (1787). Elle se fit rendre compte de l'état des finances et reconnut que la dette s'élevait à plus de seize cents millions. De Calonne fut renvoyé. Il eut pour successeur Loménie de Brienne, archevêque de Toulouse. Ce ministre voulut établir de nouveaux impôts et entre autres l'impôt du timbre. Le parlement refusa l'enregistrement de l'édit et demanda la convocation des états généraux (1788). La cour résista d'abord et exila le parlement ; mais elle finit par céder, rappela Necker et convoqua les états généraux. Une assemblée des notables fut réunie pour régler la forme des états et décida que le tiers aurait à lui seul autant de députés que le clergé et la noblesse. Bientôt après (5 mai 1789), l'assemblée des états généraux se réunit à Paris, et avec elle commença pour la France une ère nouvelle.

N° 18.

Géographie et situation politique de l'Europe en 1789.

Géographie et situation politique en Europe en 1789. — L'année 1789 ouvre une ère nouvelle dans l'histoire de l'Europe ; il est nécessaire de s'y arrêter et d'étudier sommairement la situation des principaux États à cette époque. Cinq puissances étaient au premier rang : la France, l'Autriche, la Prusse, l'Angleterre et la Russie. La France avait à peu près la même étendue que de nos jours ; il lui manquait le comtat Venaissin ou comté d'Avignon, qui avait été cédé au saint-siége ; la principauté de Montbéliard qui appartenait à la maison de Würtemberg, et la ville de Mulhouse, qui dépendait de la confédération helvétique. Elle possédait sur la frontière septentrionale plusieurs villes que les traités de 1815 lui ont enlevées, telles que Philippeville, Marienbourg, Bouillon, Sarre-Louis (Prusse rhénane), et Landau (Bavière rhénane). La France était divisée en trente-deux gouvernements qui avaient leurs coutumes et leur administration particulières. Ces gouvernements étaient l'Ile-de-France, la Picardie, l'Artois, la Flandre, la Normandie, la Champagne, la Lorraine, l'Alsace, la Franche-Comté, la Bourgogne, le Lyonnais, le Dauphiné, la Provence, l'Auvergne, le Languedoc, la Guyenne, le Béarn, le Roussillon, le comté de Foix, le Limousin, le Poitou, l'Aunis, la Saintonge, la Bretagne, le Maine, l'Anjou, la Touraine, le Berry, le Bourbonnais, l'Orléanais, la Marche et le Nivernais. Il y avait de plus sept gouvernements particuliers pour des villes que leur importance politique ou d'anciens usages soumettaient à une autorité spéciale : Paris, Sedan, Saumur, le Havre, Boulogne, Dunkerque et les Trois-Évêchés (Toul, Metz et Verdun) qui ne comptaient que pour un gouvernement, complétaient les trente-neuf gouvernements de la France. Douze parlements siégeaient à Paris, Rouen, Rennes, Bordeaux, Pau, Toulouse, Aix, Grenoble, Besançon, Dijon, Metz et Douai. L'Alsace et l'Artois avaient leurs conseils souverains résidant à Colmar et à Arras.

L'Angleterre comprenait les trois royaumes d'Angleterre proprement dite, d'Écosse et d'Irlande. Les Hébrides, les Orcades, les Shetland et les îles normandes de Jersey, Guernesey et Aurigny dépendaient aussi de ce royaume. Gibraltar lui appartenait depuis 1704, et par ce port elle dominait l'entrée de la Méditerranée ; mais sa puissance consistait surtout dans ses richesses, son commerce, sa marine et ses colonies situées hors de l'Europe. Les villes principales étaient en Angleterre : Londres, capitale ; Cantorbéry, siége de l'archevêque primat ; York, la ville alors la plus importante de l'Angleterre septentrionale ; Oxford et Cambridge, célèbres par leurs universités. Manchester, Birmingham et Liverpool n'avaient pas encore pris le développement industriel et commercial qui leur a donné une si haute importance. Plymouth et Portsmouth étaient les principaux ports pour la marine militaire. L'Écosse avait pour villes principales Édimbourg, Glascow, Berwick, Aberdeen et Perth. En

Irlande, Dublin, Cork, Waterford, Limmerik, Kilkenny, Armagh, Londonderry, Galway tenaient le premier rang.

L'Autriche s'était considérablement agrandie à la fin du xviie siècle et pendant le xviiie. Outre l'archiduché (capitale Vienne), la Styrie, la Carinthie, la Carniole, le Frioul, le Tyrol, l'Illyrie (Trieste) et une partie de la Dalmatie, l'Autriche possédait la Bohême et la Hongrie, la Moravie et une partie de la Silésie. Elle avait enlevé à la Turquie l'Esclavonie (cap. Essek), la Croatie, la Transylvanie et la Buchowine ; elle avait obtenu la Gallicie à l'époque du démembrement de la Pologne. A l'autre extrémité de son empire, l'Autriche possédait une partie de la Souabe, les villes et territoire de Constance, de Brisach et de Fribourg en Brisgau (duché de Bade). Les Pays-Bas cédés à l'Autriche par la paix de Rastadt comprenaient le Brabant (villes principales Bruxelles, Malines et Louvain), les provinces de Limbourg (en partie), de Luxembourg et de Gueldre (en partie), d'Anvers, de Namur, de Hainaut et de Flandre. Ces Pays-Bas autrichiens portaient encore le nom de cercle de Bourgogne. Les réformes entreprises par Joseph II et la fermeture du port d'Anvers, que les Hollandais avaient stipulée en faveur d'Amsterdam, avaient excité en Belgique un mécontentement qui dégénéra en révolte. L'Autriche possédait encore en Italie les duchés de Milan et de Mantoue.

La Prusse était loin d'avoir la même étendue territoriale que l'Autriche. Elle ne datait comme royaume que du xviiie siècle, et elle avait dû au génie de Frédéric II de prendre place parmi les principaux États de l'Europe. Elle comprenait le Brandebourg (capitale Berlin, Potsdam était la résidence royale), une grande partie de la Poméranie et de la Pologne prussienne, le duché de Posen, la Prusse orientale (capitale Kœnigsberg), la Silésie (capitale Breslau), les provinces de Magdebourg, Halberstadt, Mansfeld, Quedlinbourg, Minden, l'Ost-Frise, les comtés de la Mark, de Ravensberg, de Cleves, la province de Crevelt et une partie de la Gueldre. La Prusse s'étendait du Niémen au Rhin ; mais son territoire était loin de présenter une masse compacte. Le Brandebourg n'était rattaché aux provinces prussiennes de Clèves, de la Mark et de Ravensberg que par une chaîne de forteresses : la Prusse et l'Autriche dominaient l'Allemagne, toujours divisée en une multitude de principautés.

L'Allemagne avait alors neuf électeurs : le huitième (électeur de Bavière) avait été créé à l'époque de la guerre de Trente ans et confirmé par la paix de Westphalie. Le neuvième était l'électeur de Hanovre établi par l'empereur Léopold. Du reste, la division en dix cercles établie par l'empereur Maximilien subsistait toujours. Ces cercles étaient, au nord, le cercle de Bourgogne, comprenant les Pays-Bas autrichiens ; le cercle de Westphalie, qui renfermait une partie des provinces prussiennes du Rhin, le duché d'Oldenbourg, les comtés de Lippe-Detmold et de Schaumbourg-Lippe, les évêchés souverains de Munster, de Paderborn et de Liége, les villes libres de Cologne, d'Aix-la-Chapelle et de Dortmund ; enfin les deux cercles de haute et basse Saxe. La basse Saxe renfermait le Holstein, qui appartenait au Danemark, le Mecklenbourg, le Brunswick, le Hanovre et les villes hanséatiques de Brême, Lübeck et Hambour. Dans la haute Saxe étaient compris le Brandebourg, les principautés d'Anhalt, de Saxe, de Reuss et de Schwartzbourg. Au centre, le cercle du Haut-Rhin renfermait les Hesses, la principauté de Waldeck, les duchés de Nassau et de Deux-Ponts, le bas Rhin, les électorats ecclésiastiques de Cologne, Mayence et Trèves, le Palatinat (capitale Heidelberg), et les duchés de Juliers et de Berg ; enfin, dans le cercle de Franconie se trouvaient les margraviats d'Anspach et de Bayreuth, les évêchés de Bamberg, de Würzbourg et d'Eichstadt, la principauté de Schwartzemberg et la ville libre de Nüremberg. Au sud de l'Allemagne étaient les trois cercles de Souabe, de Bavière et d'Autriche ; le premier comprenait le Würtemberg, le duché de Bade, les évêchés d'Augsbourg et de Constance, plusieurs abbayes et les villes libres d'Ulm et d'Esslingen. Dans le cercle de Bavière étaient renfermées la haute Bavière (Munich, Ingolstadt, Donawerth), la basse Bavière (Landshut) et les principautés de Soultzbach et de Neubourg. Le cercle d'Autriche se composait de l'archiduché d'Autriche, du Tyrol, de la Styrie, de la Carniole, de la Carinthie et de la Moravie.

La cinquième des grandes puissances, la Russie d'Europe, était limitée au nord par la mer Blanche, à l'ouest par la Baltique, la Laponie danoise, la Suède et le Niémen, au sud par la Turquie, la mer Noire, la mer d'Azoff et le Caucase, enfin à l'est par les monts Ourals et la mer Caspienne. Elle s'était emparée d'une partie de la Lithuanie et se préparait à compléter le démembrement de la Pologne ; elle avait enlevé à la Suède une partie de la Finlande, et à la Turquie, la Crimée, Azoff, et une partie des côtes de la mer Noire. Les villes principales de la Russie étaient Saint-Pétersbourg, Revel, Riga sur la Baltique ; Arkhangel sur la mer Blanche ; Azoff sur la mer du même nom ; Kherson sur la mer Noire ; Astrakhan sur la mer Caspienne ; Caffa en Crimée. Dans l'intérieur des terres, Moscou, Smolensk, Wladimir, Kiow étaient les places les plus importantes.

Les États secondaires de l'Europe en 1789 étaient l'Espagne, le Portugal, la Hollande, l'Italie, la Suisse, le Danemark, la Suède, la Pologne et la Turquie. L'Espagne, qui avait longtemps tenu le premier rang entre les États européens, n'avait plus qu'une médiocre importance ; cependant elle comprenait la Galice, les Asturies, la Biscaye, la Navarre, l'Aragon, la Catalogne, les deux Castilles, le royaume de Léon, l'Estrémadure, l'Andalousie, Murcie, Valence, Majorque, Iviça, Formentera. Les Anglais lui avaient enlevé Gibraltar en 1704 ; mais elle possédait encore d'importantes colonies en Amérique, en Asie et en Afrique. La capitale de l'Espagne était Madrid et les villes principales : Séville, Saragosse, Grenade, Cadix, Badajoz, Burgos, Tolède, Pampelune, Saint-Jacques de Compostelle. Le Portugal avait la même étendue que de nos jours ; la capitale était Lisbonne, et les villes principales : Bragance, Lamego, Coïmbre, Evora, Tavira. Le Portugal avait encore de vastes colonies en Amérique, en Asie et en Afrique ; mais depuis le traité de Methuen, qui fut conclu en 1704 et qui tira son nom de Paul Methuen, ambassadeur d'Angleterre, le Portugal était soumis à l'influence britannique, qui s'était changée peu à peu en un protectorat despotique. La Hollande avait aussi perdu la puissance qui en avait fait au xviie siècle l'arbitre de l'Europe. Elle se composait des Provinces-Unies de Hollande, Zélande, Brabant septentrional, Utrecht, Gueldre (en partie), Over-Yssel, Drenthe, Frise, Groningue, Limbourg (en partie) et Brabant (partie septentrionale). Les villes principales étaient Amsterdam, Rotterdam, la Haye, Leyde, Alkmar, Nimègue, Deventer, Leuwarden, Bois-le-Duc, Gertruydenberg, Berg-op-Zoom, Breda et Maestricht.

L'Italie, depuis longtemps en décadence, était dominée au nord par l'influence autrichienne et au sud par l'influence française ; l'Autriche avait les duchés de Milan et de Mantoue ; un prince autrichien régnait à Florence ; la maison de Bourbon possédait le royaume des Deux-Siciles et les duchés de Parme, Plaisance et Guastalla. D'ailleurs, comme on l'a vu plus haut, les idées françaises dominaient dans une partie de l'Italie. Les principaux États de la péninsule étaient le royaume de Sardaigne, qui avait pour capitale Turin et comprenait : la Sardaigne, le Piémont, la Savoie, le Montferrat, le val d'Aoste et les provinces de Novare, d'Alexandrie et Tortone. La république de Gênes, menacée par le royaume de Sardaigne et hors d'état de défendre ses propres possessions, avait vendu en 1768 la Corse à la France. Les petites principautés de Monaco, de Luc-

ques, de Massa et Carrara étaient sans importance. Le duché de
Parme et de Plaisance appartenait depuis 1748 à la maison de Bourbon. Modène avait ses ducs particuliers. Le Mantouan et le Milanais
dépendaient de l'Autriche. Venise, qui avait perdu Candie au XVIIe
siècle et avait un instant enlevé la Morée aux Turcs (1699-1718),
était bien affaiblie; elle ne prit part à aucune des grandes guerres
du XVIIIe siècle, et sa politique consista surtout à s'effacer. Cependant elle possédait encore, outre le Dogado, qui comprenait Venise et
les îles voisines, la ville et le territoire de Padoue, la Polésine ou
territoire de Rovigo, Vicence, Vérone, Brescia, Bergame, Crème,
Trévise, Cadore, avec le territoire environnant, une partie du Frioul,
de l'Istrie et de la Dalmatie, les îles de Corfou, Sainte-Maure, Zante
et Céphalonie. La Toscane avait pour capitale Florence, et pour
villes principales : Pise, Sienne, Pistoie, Volterra, Fiésole et Livourne; elle possédait une partie de l'île d'Elbe. Les États de
l'Église renfermaient le Patrimoine de Saint-Pierre (cap. Rome), le
Bolonais, le Ferrarais, la Romagne (Ravenne), le duché d'Urbin,
Ancône, Spolète, le duché de Bénévent, et hors de l'Italie le comtat
Venaissin. La république de Saint-Marin était enclavée dans la Romagne. Le royaume des Deux-Siciles (cap. Naples) avait la même étendue que de nos jours, et de plus possédait en Toscane et dans l'île
d'Elbe Orbitello, Porto-Ercole, Monte-Filippo, Porto-Santo-Stefano,
Telamone, Porto-Longone. L'île de Malte avait été détachée par
Charles-Quint du royaume des Deux-Siciles et donnée aux chevaliers de Saint-Jean de Jérusalem, qui l'occupaient encore en 1789.

La Suisse formait une république fédérative composée de treize
cantons : Schwitz, Uri, Underwalden, Glaris, Zug, Appenzel, Bâle,
Berne, Zurich, Schaffhouse, Soleure, Fribourg, Lucerne. La ville
de Genève et le pays de Thurgovie étaient alliés avec les Suisses
sans faire partie de *leurs ligues*. Il en était de même du Valais. L'ab-
baye de Saint-Gall formait une principauté, ainsi que le pays de Neuchâtel, qui appartenait à la Prusse. Les *Ligues grises* (cap. Coire)
avaient aussi leur confédération particulière.

Dans le nord de l'Europe, la Suède avait perdu le premier rang,
et quoiqu'elle luttât encore contre la Russie, elle était en décadence.
Il ne lui restait que la Suède proprement dite, une partie de la Laponie, les deux Bothnies, la Gothie, une partie de la Finlande et
quelques villes de la Poméranie (Stockholm, capitale); Upsal et
Gothenbourg étaient les villes principales de la Suède. Le Danemark
possédait toujours la Norvége ; il se divisait en partie continentale

et archipel danois. Les îles étaient : Seeland qui renfermait Copenhague, capitale du Danemark, Fionie, Langeland, Laland, Falster, Bornholm, les îles Feroë et l'Islande. La presqu'île appelée par les anciens Chersonèse cimbrique se divisait en Jutland, Sleswick et Holstein. Les principales villes étaient, outre la capitale, Odensée, Elseneur sur le Sund, Aarhus, Aalborg, Viborg, Ripen, Glückstadt, Kiel, Altona. En Norvége, on remarquait Drontheim, Bergen, Christiania et Christiansand. Le royaume de Pologne, quoiqu'il eût subi un premier démembrement, existait toujours ; il se composait de la grande Pologne, cap. Varsovie ; de la petite Pologne, cap. Cracovie ; de la Podolie, cap. Kaminick, et d'une partie de la Lithuanie, cap. Wilna. La Turquie occupait encore un vaste territoire en Europe et en Asie. Les provinces européennes se divisaient en quatre gouvernements : 1° pachalik de Roumilie, comprenant la Roumilie proprement dite (villes principales Constantinople, capitale de tout l'empire, et Andrinople), la Bulgarie, la Macédoine ou province de Saloniki, la Thessalie, l'Albanie, la Livadie et la Morée ; 2° pachalik de Servie ; 3° pachalik de Bosnie, qui comprenait, outre la Bosnie, une partie de la Dalmatie, l'île de Candie et Cérigo (Cythère) ; 4° le gouvernement du capitan-pacha, qui embrassait toutes les îles de l'archipel (Négrepont, Cyclades, Sporades, etc.) Les provinces de Moldavie et de Valachie, gouvernées par des princes particuliers nommés hospodars, dépendaient aussi de la Porte Ottomane, ainsi que la Bessarabie au nord du Pruth et la province d'Oczakoff sur la mer Noire ; la Turquie ne perdit Oczakoff qu'en 1792 par le traité d'Yassy, et elle a conservé la Bessarabie jusqu'en 1812.

Telle était la situation de l'Europe lorsque éclata la Révolution, qui allait changer les relations des peuples, menacer l'équilibre européen et provoquer pendant plus de vingt ans des luttes sanglantes.

N° 19.

Assemblée constituante et Assemblée législative. — Réunion des trois ordres. — Prise de la Bastille. — Journées des 5 et 6 octobre. — Constitution de 1791. —Déclaration de guerre à l'Autriche. — Journée du 10 août.—Massacres de septembre.

Assemblée constituante. Réunion des trois ordres. —Les états généraux se réunirent le 5 mai 1789. Ils étaient, suivant l'usage, divisés en trois ordres : noblesse, clergé et tiers état. Ce dernier ordre avait obtenu pour lui seul autant de représentants qu'en avaient ensemble les deux ordres privilégiés, mais cet avantage eût été nul si les états généraux avaient voté par ordre et non par tête. Aussi la discussion s'engagea-t-elle d'abord sur ce point. Comme les deux ordres privilégiés refusaient de se joindre au tiers état pour la vérification des pouvoirs, il tenta de se constituer seul en *assemblée nationale*. La cour fit fermer le lieu où les députés se réunissaient à Versailles, sous prétexte des préparatifs de la séance royale. Les membres du tiers état s'assemblèrent alors au Jeu de Paume, vaste salle destinée aux plaisirs de la cour. Là fut prêté, le 20 juin 1789, le célèbre *serment de Jeu de Paume*. Tous les députés, tête nue, la main levée, répétèrent le serment prononcé par leur président Bailly, de ne point se séparer avant d'avoir donné une constitution à la France.

La cour s'émut de l'énergique résolution du tiers état, et trois jours après (23 juin 1789). Louis XVI tint une séance royale et lut une déclaration qui accordait quelques libertés au peuple. En terminant, le roi ordonna à l'assemblée de se séparer ; mais le tiers état resta en séance ; et lorsque le grand maître des cérémonies, le marquis de Dreux-Brézé, vint répéter à l'assemblée les ordres du roi, Mirabeau lui fit la réponse célèbre : « Allez dire à votre maître que nous sommes ici par la volonté du peuple, et que nous n'en sortirons que par la force des baïonnettes. » Siéyès ajouta : « Nous sommes aujourd'hui ce que nous étions hier ; délibérons. » La plus grande partie du clergé et la minorité de la noblesse se joignirent au tiers état, qui prit dès lors le nom d'*Assemblée nationale constituante*. Un de ses premiers actes fut de voter l'inviolabilité des députés de la nation.

L'Assemblée constituante, à peine organisée, se divisa en plusieurs partis. Le côté droit, dévoué à la cour, avait pour principaux orateurs Cazalès et l'abbé Maury. L'opinion dominante dans l'assemblée était celle des hommes modérés qui voulaient une royauté constitutionnelle, mais sans être d'accord sur les principes de la constitution. Les uns, comme Mounier et Lally-Tollendal, inclinaient vers la monarchie anglaise. D'autres, comme La Fayette, étaient remplis des souvenirs de la liberté américaine. Quelques-uns, entre lesquels on remarquait Barnave, Duport, les Lameth, réduisaient la royauté à une simple présidence. Les partisans de la république pure, Pétion et Robespierre, se perdaient dans l'ombre. Au-dessus de tous les partis s'élevait Mirabeau, l'orateur le plus éloquent de la

Constituante. Si sa vie n'eût pas été souillée par le vice, il eût pu diriger cette assemblée ; mais l'immoralité de sa conduite nuisait à la puissance de sa parole. Un autre homme, Sieyès, avait aussi beaucoup d'influence ; mais ce penseur profond n'avait pas le don de l'éloquence. La majorité de la Constituante se trouva d'accord pour limiter l'autorité royale, et détruire les abus féodaux qui subsistaient encore ; ce fut là son œuvre durable. La cour tenta de résister à ces innovations, et rassembla des troupes pour effrayer l'assemblée ; le peuple de Paris s'émut.

Prise de la Bastille.—Un soulèvement provoqué par des bruits sinistres éclata le 14 juillet ; les gardes françaises se joignirent au peuple, et la Bastille fut prise et ruinée. Malheureusement cette victoire, qui détruisait une prison trop fameuse, fut souillée par des excès : le gouverneur de la Bastille, Delaunay, et le prévôt des marchands, Flesselles, furent égorgés. La cocarde tricolore, qui unissait les trois couleurs nationales, blanc de France, bleu de Navarre et rouge de Paris, fut adoptée vers la même époque. La cour recula devant cette manifestation populaire : les troupes furent renvoyées, Bailly nommé maire de Paris, et La Fayette commandant de la garde nationale. Quelques princes et une partie de la noblesse commencèrent alors à désespérer de la royauté, et donnèrent le signal de l'émigration.

L'Assemblée constituante venait de vaincre la royauté absolue ; elle se hâta de consacrer sa victoire par la rédaction d'une constitution. Il fallut d'abord supprimer les abus de l'ancien régime. La séance du 4 août 1789 est célèbre par l'abolition des droits féodaux. Sur la proposition du duc de Noailles, les droits de chasse, de colombier, de garenne, les corvées, le servage furent abolis. Le principe de l'égalité de tous les Français devant la loi était une conséquence de ce premier acte. On fut moins d'accord lorsqu'il s'agit d'imposer des limites à la royauté. L'assemblée ne voulait laisser au roi qu'un *veto suspensif.* C'était lui enlever l'autorité souveraine pour la transférer à l'assemblée. La cour résista, et appela de nouveau des troupes à Versailles. Le repas des gardes du corps (1er octobre 1789) donna lieu à des manifestations imprudentes. La cocarde tricolore fut foulée aux pieds par les gardes, que la présence du roi et de la reine avait exaltés et dont l'enthousiasme allait jusqu'à l'ivresse. Ces excès en provoquèrent d'autres bien plus terribles.

Journées des 5 et 6 octobre.—Le peuple de Paris, tourmenté par la famine, imputa à la cour les maux qu'il souffrait, marcha sur

Versailles (5 et 6 octobre), envahit le château et égorgea deux gardes du corps. La reine Marie-Antoinette, contre laquelle on avait surtout excité la haine, n'échappa qu'avec peine à la fureur de cette populace. Le roi, la reine, le dauphin et toute la cour, ainsi que l'Assemblée nationale, vinrent alors demeurer à Paris. Le maire, Bailly, en recevant Louis XVI à son entrée dans la capitale, lui adressa ces paroles mémorables : « Henri IV avait reconquis Paris ; aujourd'hui, c'est Paris qui a reconquis son roi. »

La Constituante s'occupa, en 1790, de l'organisation de la France, qu'elle divisa en départements, il y en eut d'abord quatre-vingt-trois, et plus tard quatre-vingt-six; on les subdivisa en districts et en municipalités, qui répondent aux circonscriptions qu'on a appelées dans la suite arrondissements et communes. La suppression des parlements et une nouvelle organisation des tribunaux, la constitution civile du clergé, qui livrait à l'État tous les biens ecclésiastiques et qui provoqua une vive opposition, les discussions pour fixer la limite de la puissance du roi et de l'assemblée, remplirent une partie de l'année 1790. La *fête de la fédération* (14 juillet 1790). où des députations de tous les départements se rendirent à Paris, et assistèrent à la solennité du Champ de Mars, sembla reconcilier un instant les divers partis ; mais ce fut pour peu de temps ; les divisions devenaient de plus en plus profondes. Le roi refusait sa sanction aux décrets relatifs aux biens du clergé ; l'émigration augmentait chaque jour. Mirabeau lui-même, effrayé de la marche rapide des événements et gagné par la cour, aurait voulu arrêter la révolution ; mais sa mort (2 avril 1791), en enlevant à Louis XVI son dernier espoir dans l'assemblée, le poussa à une résolution dangereuse ; il sortit clandestinement de Paris pour aller rejoindre l'armée concentrée sur la frontière de la Lorraine. Il fut arrêté à Varennes (Meuse), et ramené à Paris par les commissaires de l'assemblée. Le roi prisonnier et accusé de trahison avait perdu tout son prestige. La déclaration de Pilnitz, qui parut le 27 août 1791, et dans laquelle le roi de Prusse Frédéric-Guillaume II et l'empereur Léopold II menaçaient de réunir leurs efforts pour délivrer Louis XVI, excita de plus en plus les passions populaires. Déjà, le 17 juillet 1791, le Champ de Mars avait été le théâtre d'une sanglante collision. La garde nationale, conduite par La Fayette, avait employé la force pour dissiper les attroupements, et tué un certain nombre de factieux. L'Assemblée constituante, qui avait alors terminé sa mission, se sépara le 30 septembre, après avoir déclaré, par une résolution plus patriotique que judicieuse, qu'aucun de ses membres ne pourrait siéger dans l'Assemblée législative, qui allait lui succéder.

Constitution de 1791. — La constitution de 1791, œuvre de l'Assemblée constituante, conservait la royauté, mais en limitant son pouvoir. Le roi était déclaré inviolable, mais ses ministres étaient responsables. Il jurait d'observer fidèlement la constitution ; les cas qui pouvaient entraîner sa déchéance étaient prévus : rétractation de son serment, sortie du royaume, commandement d'une armée ennemie. Il pouvait refuser sa sanction aux actes de l'Assemblée ; mais son *veto* n'était que suspensif. Si l'Assemblée persistait dans sa décision pendant deux législatures, le roi devait céder. C'était donc en réalité dans l'Assemblée nationale que résidait la souveraineté.

L'Assemblée était unique, permanente, composée de sept cent quarante-cinq représentants et renouvelée tous les deux ans. L'élection se faisait par deux assemblées : il y avait d'abord les assemblées primaires, composées de tous les Français âgés de vingt-cinq ans, qui n'étaient ni domestiques ni employés à gages et qui payaient une contribution égale à trois journées de travail. Ces assemblées nommaient un électeur pour cent citoyens, et à leur tour les électeurs nommaient les représentants. C'était donc une élection à deux degrés. On ne pouvait choisir pour représentants ni ministres ni fonctionnaires publics. L'Assemblée nommait elle-même son président. Tous les membres qui la composaient étaient inviolables. Elle votait l'impôt, proposait et décrétait les lois, pouvait poursuivre les ministres, autorisait les déclarations de guerre, ratifiait les traités de paix, etc. Les séances de l'Assemblée étaient publiques.

La constitution de 1791 proclamait la liberté des cultes, l'égalité de tous les citoyens devant la loi, l'égale répartition des impôts et le droit pour tous d'être admis aux fonctions publiques. L'ancienne division par provinces fut supprimée comme perpétuant des diversités d'institutions et de lois. La France fut partagée en quatre-vingt-trois et plus tard en quatre-vingt-six départements, qui furent eux-mêmes subdivisés en districts et en communes. Les administrateurs des départements, des districts et des communes étaient élus par le peuple. Les nombreuses coutumes qui régissaient la France devaient être remplacées par une législation uniforme. Le tribunal de cassation fut placé au sommet de la hiérarchie judiciaire, pour maintenir l'uniformité dans les procédures. Des tribunaux de département et de district, dont les membres étaient nommés par le peuple, remplaçaient les parlements et les juridictions subalternes de l'ancienne monarchie. La justice était gratuite, le jury établi en matière criminelle, la liberté individuelle proclamée, les tribunaux exceptionnels abolis. Seulement une haute cour nationale devait juger les crimes qui attaquaient la sûreté générale de l'État; elle se composait de membres du tribunal de cassation et de hauts jurés. Enfin les citoyens étaient tous appelés à concourir comme gardes nationaux à la défense du pays et au maintien de l'ordre public.

Assemblée législative (1er octobre 1791-20 septembre 1792). *Déclaration de guerre à l'Autriche.* — L'Assemblée législative se composait en majorité de membres hostiles à la royauté constitutionnelle. A leur tête étaient les Girondins, ainsi nommés parce que les principaux membres de ce parti étaient du département de la Gironde. Leur orateur le plus célèbre était Vergniaud. La lutte ne tarda pas à s'engager entre l'Assemblée et la royauté. Louis XVI refusa de sanctionner les décrets contre les émigrés et les prêtres qui ne voulaient pas prêter serment à la constitution civile du clergé. Mais il finit par céder sur quelques points, et prit ses ministres dans le parti dominant. Dumouriez, qui dirigeait la nouvelle administration, conseilla au roi de faire la guerre pour occuper l'activité de la nation et la détourner des affaires intérieures. L'Autriche fut sommée de disperser les rassemblements d'émigrés qui se formaient près des frontières de la France, et, sur son refus, la guerre lui fut déclarée le 20 avril 1792. Mais Rochambeau, qui commandait un des corps de l'armée française, ayant essuyé un léger échec, Louis XVI fut accusé de trahison; le ministère girondin se retira; la populace soulevée envahit les Tuileries (20 juin), et vint demander avec des clameurs furieuses la sanction des décrets. Louis XVI opposa à ces violences un courage et un sang-froid admirables. Entouré, pressé par la populace, il se retira dans l'embrasure d'une fenêtre. Comme on lui criait de ne rien craindre, il prit la main d'un grenadier et la posa sur son cœur en disant : « Voyez s'il bat plus fort que de coutume. »

Journée du 10 août. — Cependant la guerre devenait dangereuse. Les armées françaises étaient en pleine déroute, au moment où le duc de Brunswick publiait (25 juillet) un manifeste menaçant et annonçait l'intention de détruire Paris si Louis XVI ne recouvrait pas la plénitude de sa puissance. Dans ce péril, l'Assemblée fit un appel aux gardes nationales, et l'on vit bientôt arriver à Paris des bataillons de fédérés exaltés par le danger de la patrie. Un comité insurrectionnel s'organisa pour renverser la royauté, qu'on accusait de connivence avec l'Autriche et la Prusse. Le 10 août, dès trois heures du matin, le tocsin appela aux armes les fédérés marseillais et les membres des clubs révolutionnaires. Une municipalité provisoire s'établit à l'hôtel de ville, retint prisonnier le maire Pétion et dirigea le mouvement populaire. Les fédérés et les insurgés des faubourgs marchèrent sur les Tuileries. Quelques bataillons de la garde nationale et les Suisses veillaient à la défense de ce palais; mais le général Mandat, qui avait le commandement supérieur de ces troupes, ayant été assassiné, les gardes nationales passèrent du côté des insurgés. Louis XVI se retira avec sa famille dans l'Assemblée nationale, pendant que les Suisses tentaient une résistance inutile et se faisaient égorger dans les Tuileries. L'assemblée nationale suspendit immédiatement l'exercice du pouvoir royal, fit enfermer Louis XVI au Temple, et convoqua une convention nationale pour donner une nouvelle constitution à la France. Dès lors l'assemblée fut annulée par le comité insurrectionnel et par les clubs.

Massacres de septembre. — On répandit le bruit que les ennemis qui menaçaient la frontière avaient des complices dans Paris. Des bandes de furieux se chargèrent de délivrer la patrie de ce danger, forcèrent les prisons, et, dans les journées des 2 et 3 septembre, massacrèrent un grand nombre de prêtres et de nobles. Ces journées figurent parmi les plus horribles de la révolution et les auteurs des massacres ont été justement flétris du nom de *septembriseurs*. Il faut détourner les yeux de ces horreurs et chercher dans les armées le véritable peuple français. Les Prussiens avaient pris Verdun le 2 septembre et ils s'avançaient vers Châlons (Marne) par la forêt de l'Argonne. Déjà un des corps de l'armée ennemie avait traversé cette forêt, lorsque Kellerman l'arrêta, le 20 septembre, à Valmy (Marne) et le força de rétrograder. Ce fut la première victoire de la France nouvelle, et la retraite des Prussiens donna à cette action une éclatante célébrité. Le jour même du combat de Valmy, la Convention nationale se réunissait aux Tuileries.

N° 20.

Convention nationale. — Procès et mort de Louis XVI. —La Terreur.—Journée du 9 thermidor.—Campagnes de 1793 et 1794.—Le 13 vendémiaire.

Convention nationale (20 septembre 1792 - 26 octobre 1795). — La Convention se partagea bientôt en plusieurs partis : les Girondins, qui, après avoir attaqué violemment la royauté et enfermé Louis XVI au Temple, auraient voulu le sauver, formaient la droite de la nouvelle assemblée ; la Montagne, ainsi nommée parce que les membres de ce parti occupaient les bancs les plus élevés de la Convention, poussait aux mesures les plus violentes ; enfin la Plaine ou parti intermédiaire, flottait entre la Gironde et la Montagne. Le premier acte de cette assemblée fut de prononcer l'abolition de la royauté (21 septembre). Réunis pour ce vote, les membres de la Convention ne tardèrent pas à se diviser. Les Girondins attaquèrent Marat, qui s'était fait une hideuse célébrité ; mais ils ne purent obtenir sa condamnation, et Marat sortit de cette lutte plus puissant et plus populaire que jamais. Pendant que ces scènes révolutionnaires agitaient Paris et la France entière, les armées, après avoir délivré la patrie, triomphaient des Autrichiens à Jemmapes (6 novembre), sous la conduite de Dumouriez, et s'emparaient d'une partie de la Belgique. Le jour même de la victoire de Jemmapes, le procès de Louis XVI commençait à Paris.

Procès et mort de Louis XVI. — Louis XVI, enfermé au Temple avec sa famille depuis le 10 août, y avait montré une admirable résignation. Soutenu par la religion, il s'était consacré à l'éducation du dauphin et avait consolé sa famille par son courage et ses vertus. Traduit à la barre de la Convention et accusé de trahison envers la France, il répondit avec une noble fermeté et se retrancha derrière la constitution de 1791, qui rejetait la responsabilité sur les ministres et mettait le roi à l'abri de toute poursuite. Il demanda et obtint des défenseurs ; il choisit Tronchet. Un des anciens ministres de Louis XVI, Lamoignon de Malesherbes, brigua le périlleux honneur d'être associé à Tronchet. Ils s'adjoignirent l'avocat Desèze, qui fut chargé de porter la parole. Après avoir réfuté (26 décembre) tous les griefs allégués contre Louis XVI, il termina par ces mots : «Citoyens, je m'arrête devant l'histoire; songez qu'elle jugera votre jugement et que le sien sera celui des siècles. » Les questions qui furent posées à la Convention étaient les suivantes : Louis Capet est-il coupable de conspiration contre la liberté de la nation et d'attentat contre la sûreté générale de l'Etat? Le jugement, quel qu'il soit, sera-t-il renvoyé à la sanction du peuple? Quelle peine lui sera infligée? L'assemblée se composait de sept cent quarante-neuf votants. Sur la première question, six cent quatre-vingt-trois membres se prononcèrent pour l'affirmative. Sur la seconde, quatre cent vingt-trois rejetèrent l'appel à la nation. Ces deux votes furent prononcés le 15 janvier 1792. Le 16, on décida que la simple majorité suffirait pour décider la peine, tandis qu'on exigeait ordinairement les deux tiers des voix pour les jugements en matière criminelle. Dans la nuit du 19 au 20, la Convention vota sur la peine au milieu des menaces d'une populace exaltée, qui accueillait par des huées et des cris de fureur les opinions favorables à Louis XVI. Il y eut cinq voix de majorité pour la mort. Les défenseurs de Louis XVI demandèrent vainement un sursis. Louis XVI montra dans ses derniers moments le courage d'un roi martyr. Il consola sa famille, dont la douleur était déchirante, monta d'un pas ferme sur l'échafaud, protesta de son innocence et reçut le coup fatal (21 janvier 1793), pendant que le prêtre qui l'avait accompagné prononçait, dit-on, ces belles paroles : « Fils de saint Louis, montez au ciel ! »

La Terreur. — La mort de Louis XVI eut des conséquences terribles : à l'extérieur, l'Angleterre et l'Espagne se joignirent à la coalition formée contre la France ; nos armées désorganisées furent chassées de la Belgique. A l'intérieur, la guerre civile éclata en Vendée et en Bretagne. Pour lutter contre tant d'ennemis on établit un gouvernement d'une tyrannie effroyable bien caractérisé par le nom de *Terreur* que l'histoire lui a imposé. Robespierre, Marat et Danton, qui dirigeaient la Montagne, firent instituer un *comité de salut public*, investi d'un pouvoir dictatorial. Les Girondins tentèrent vainement de lutter contre cette tyrannie. Ils furent proscrits (2 juin). Vainement Lyon, Caen et d'autres villes se soulevèrent; vainement Charlotte Corday poignarda Marat (13 juillet). La Montagne triompha de toutes les oppositions : Lyon fut écrasé; Toulon repris sur les Anglais. La Vendée avait d'abord obtenu des succès, pris Saumur et menacé Nantes; mais elle finit par être accablée. Sur la frontière, les ennemis furent arrêtés par les combats d'Hondschoote et de Wattignies, et bientôt poursuivis en Belgique.

Mais, à l'intérieur, la guillotine était en permanence; la reine Marie-Antoinette fut une des victimes (16 octobre). On abolit le culte catholique, que l'on remplaça par les saturnales impies du *culte de la Raison*. Les tombeaux des rois furent violés et leurs restes mortels profanés. Une ère nouvelle, l'ère républicaine, remplaça l'ancien calendrier et data du 22 septembre 1792. Les douze mois de ce calendrier étaient *vendémiaire, brumaire, frimaire, nivôse, pluviôse, ventôse, germinal, floréal, prairial, messidor, thermidor, fructidor.* Chaque mois avait trente jours divisés en décades. On ajoutait à la fin de l'année plusieurs jours complémentaires.

La Montagne elle-même finit par se diviser : Robespierre, soutenu par Couthon, Saint-Just, Le Bas, et par les jacobins, dont les clubs couvraient la France, aspirait à la dictature : il envoyait dans les départements des proconsuls qui exécutaient, et souvent même dépassaient ses ordres. Lebon à Arras, Carrier à Nantes, faisaient régner une terreur plus effroyable que celle qui pesait sur Paris. Danton, Camille Desmoulins et quelques autres membres de la Montagne, tentèrent de mettre un terme à cet odieux régime : ils furent condamnés par le tribunal révolutionnaire et guillotinés ; en même temps Robespierre frappait les membres de la commune, partisans du *culte de la Raison* et fauteurs de l'anarchie, tels que Chaumette, Anacharsis Clootz et Hébert, qui s'était fait une si triste célébrité sous le nom de *Père Duchesne.* Robespierre fit décréter par la Convention que le peuple français reconnaissait l'existence d'un Être suprême et l'immortalité de l'âme : lui-même présida, le 8 juin 1794, une fête destinée à consacrer cette profession de foi nationale. Aspirant au pouvoir, il voulait, comme tous les législateurs, asseoir la société sur la base de la religion ; mais ce vague symbole, proclamé au milieu des proscriptions, et lorsque chaque jour le nombre des victimes augmentait, semblait une dérision de la Divinité. D'ailleurs la plupart des montagnards voyaient avec inquiétude Robespierre aspirer à la dictature ; un parti nombreux se forma contre lui au sein même de la Convention et éclata le 9 thermidor (27 juillet 1794).

Journée du 9 thermidor (27 juillet 1794). — La journée du 9 thermidor, qui vit tomber Robespierre et ses satellites, est une des plus remarquables de l'histoire de la Révolution : elle mit un terme au régime de la terreur et marqua le commencement de la réaction contre l'anarchie révolutionnaire. Attaqué par Tallien, par Billaud-Varennes et par d'autres montagnards, Robespierre chercha vainement à se défendre ; son arrestation fut décrétée par la Convention en même temps que celle de son frère Robespierre jeune, de Couthon, de Le Bas et de Saint-Just ; ils furent livrés à la gendarmerie et enfermés dans diverses prisons : mais pendant ce temps la Commune, ou pouvoir municipal de Paris, avait organisé une émeute contre la Convention. Henriot, chef de la garde nationale, délivra Robespierre et ses complices, marcha sur la Convention et fit pointer les canons contre l'assemblée ; elle ne dut son salut qu'à la résistance des canonniers, qui refusèrent de tirer. Henriot les ramena à l'hôtel de ville, centre de l'insurrection. Alors la Convention, soutenue par les bataillons des sections, qui se composaient de la bourgeoisie, mit les insurgés hors la loi, nomma Barras chef de l'armée constitutionnelle, et le chargea de marcher contre l'hôtel de ville, où s'étaient réunis les deux Robespierre, Couthon, Le Bas et Saint-Just. Abandonnés par la populace qui les avait délivrés, les conspirateurs furent arrêtés. Le Bas se tua, d'autres tentèrent de l'imiter, mais sans succès. Le lendemain ils furent conduits à la place de la Révolution, appelée autrefois place Louis XV et aujourd'hui place de la Concorde. Dans ce lieu qu'ils avaient inondé de sang, ils reçurent la récompense de leurs crimes. Une foule immense s'empressait autour de l'échafaud ; on se félicitait ; on s'embrassait : le règne de la Terreur était fini.

Campagnes de 1793 et 1794. — Au milieu du triste récit des discordes et des guerres civiles, un seul spectacle console et élève les âmes, c'est celui de la lutte glorieusement soutenue par les armées françaises contre l'Europe coalisée. La France, après avoir conquis, en 1792, une partie de la Belgique, des provinces rhénanes et de la Savoie, s'était vue menacée par l'Angleterre, la Hollande, l'Autriche, l'Espagne et la Savoie réunies. Houchard à Houdschoote (Nord), Jourdan à Watignies (Nord), avaient délivré nos provinces septentrionales envahies par les ennemis. Pichegru, qui remplaça Houchard, et Jourdan ne se bornèrent pas à sauver la France : ils envahirent la Belgique. Pichegru, vainqueur du duc d'York aux combats de la Lys et de Turcoing (mai 1794), conquit la Belgique et s'avança vers la Hollande ; il s'en empara en quelques mois ; le 20 janvier 1795, il entrait à Amsterdam, et bientôt l'ancienne république des Provinces-Unies fut proclamée république Batave une et indivisible comme la république française, dont elle devint l'alliée.

A l'est de la Belgique, les succès de Jourdan furent encore plus rapides et plus éclatants. Le 26 juin 1794, il remporta sur les ennemis la victoire de Fleurus, à la suite de laquelle il soumit le pays de Liège et les électorats de Trèves, Cologne et Mayence. La Prusse et l'Espagne, effrayées des rapides succès des armées françaises, traitèrent avec la République. Un congrès s'ouvrit à Bâle, et le 5 avril 1795 un premier traité y fut signé entre les plénipotentiaires de la Prusse et de la France ; la Prusse cédait à la France la limite du Rhin ; l'Espagne signa aussi la paix avec la France le 22 juillet 1795.

Journée du 13 vendémiaire. — Cependant à l'intérieur de la France la Convention avait à combattre deux partis opposés : d'un côté, la populace des faubourgs, qui regrettait Robespierre ; de l'autre, les royalistes, qui se vengeaient sur les partisans du système de la terreur des barbaries dont ils avaient été victimes et organisaient des *compagnies de Jéhu* pour les exterminer. Le 1er prairial (20 mai 1795), la Convention eut à lutter contre la populace des faubourgs qui demandait du pain et la constitution de 1793. Un jeune député, Ferraud, fut égorgé par ces bandes féroces ; sa tête, placée au bout d'une pique, fut présentée au président, Boissy-d'Anglas, qui la salua avec respect et résista avec une admirable fermeté aux menaces de ces furieux. L'arrivée des sections délivra la Convention, et l'émeute populaire fut vaincue. Le parti royaliste en conçut de grandes espérances ; il avait toujours une armée en Vendée : il tenta de soulever la Bretagne. Les Anglais, qui fomentaient les discordes et les guerres civiles de la France, débarquèrent un corps d'émigrés à Quiberon (Morbihan) : mais cette petite armée fut enveloppée et massacrée (juin 1795). La Convention, victorieuse à l'intérieur avait aussi obtenu des avantages signalés à l'extérieur et forcé deux des puissances coalisées, la Prusse et l'Espagne, de déposer les armes (traités de Bâle) : elle décréta alors la constitution de l'an III destinée à affermir le gouvernement républicain, confié à cinq directeurs et à deux conseils élus par la nation ; elle décida en même temps que les deux tiers de ses membres siégeraient de droit dans le nouveau corps législatif. Les royalistes, qui dominaient dans les sections, s'insurgèrent contre une mesure qui ajournait leurs espérances, et le 13 vendémiaire (4 octobre 1795), ils marchèrent contre la Convention. Cette assemblée avait investi Barras du commandement de de la force armée et lui avait adjoint un jeune officier d'artillerie, Napoléon Bonaparte, qui s'était signalé au siége de Toulon. Ce fut Bonaparte qui joua le principal rôle dans cette journée : il s'assura de tous les passages qui conduisaient aux Tuileries où siégeait la Convention nationale et foudroya de son artillerie les sectionnaires

qui s'avançaient par la rue Saint-Honoré : ils furent écrasés près de
Saint-Roch. Peu de jours après, la Convention déclara que sa mission était terminée et se sépara (26 octobre 1795). Dans les derniers mois de son gouvernement, cette assemblée avait fondé l'Institut de France, l'École polytechnique, l'École normale, les Écoles
de droit et de médecine, l'École vétérinaire, les écoles centrales,
les écoles primaires et établi dans toute la France l'unité de poids
et de mesures.

N° 21.

Directoire.—Campagne de Bonaparte en Italie.—Traité de Campo-Formio.

Directoire.— On appelle *Directoire* le gouvernement qui régit la
France du 27 octobre 1795 au 9 novembre 1799. Le pouvoir exécutif était confié à cinq directeurs, qui furent nommés pour la première fois par la Convention, et qui devaient se renouveler chaque
année par cinquième. Le sort désignait celui des directeurs qui
sortirait de charge ; le conseil des Cinq-Cents présentait les candidats parmi lesquels les Anciens choisissaient le nouveau directeur.
Le Directoire avait la disposition des armées, l'administration des
finances, le soin de la politique extérieure, et la nomination des
fonctionnaires publics. Il était responsable de ses actes. Le pouvoir
législatif appartenait aux deux conseils des Anciens et des Cinq-
Cents ; le premier comprenait deux cent cinquante membres âgés
d'au moins quarante ans, le second cinq cents membres âgés d'au
moins trente ans. Les Cinq-Cents proposaient et discutaient les lois ;
les Anciens pouvaient opposer leur *veto* aux lois adoptées par les
Cinq-Cents. La Convention avait nommé les deux tiers des nouveaux
législateurs et les avait tirés de son sein. Elle s'était aussi réservé
l'élection des cinq directeurs, et elle avait fait choix de Barras, Rewbell, Le Tourneur, La Réveillère-Lepeaux et Carnot. L'époque du
Directoire fut toujours troublée par des conspirations, les unes dé-
mocratiques, les autres royalistes. Le club ou *société du Panthéon*,
dirigé par Gracchus Babeuf, voulait un gouvernement purement démocratique, et dont le but fût le *bonheur commun*. Sous ces appa-
rences de bienveillance universelle se cachaient des idées de bouleversement et de nivellement de toute la société. Les *babouvistes*
présentaient le partage des biens comme le moyen le plus sûr d'ar-

river à l'égalité et au bonheur universel. Ils tentèrent de gagner les troupes du camp de Grenelle ; mais il furent arrêtés (13 fructidor-29 août 1796) et condamnés par la haute cour de Vendôme, à laquelle était réservé le jugement des crimes politiques. Babeuf et la plupart de ses complices prévinrent, par une mort volontaire, le châtiment qu'ils avaient mérité.

Le Directoire, après avoir vaincu le parti démocratique, se vit menacé par la réaction royaliste. Les élections de l'an V (mai 1797) envoyèrent dans les conseils un grand nombre de royalistes. Barthélemy, nommé directeur à la place de Le Tourneur, appartenait lui-même à ce parti. Carnot s'y rattacha, et le Directoire fut divisé en deux camps : d'un côté Barras, Rewbell et La Réveillère-Lepeaux ; de l'autre Barthélemy et Carnot. La division n'était pas moins grande dans les conseils, où l'on conspirait ouvertement pour renverser un gouvernement qui ne donnait à la France ni ordre ni liberté. La majorité du Directoire sortit de cette position dangereuse par un coup d'État. Elle appela à Paris Augereau et un corps d'armée, quoique la constitution défendît aux troupes de franchir la limite constitutionnelle qui s'étendait à douze lieues autour de Paris. Le 18 fructidor (4 septembre 1798), les deux directeurs Barthélemy et Carnot furent arrêtés, ainsi que le général Pichegru. Un grand nombre de membres des deux conseils eurent le même sort et furent condamnés à la déportation. Le parti royaliste comprimé par la force parut écrasé ; Merlin de Douai et François de Neufchâteau remplacèrent Carnot et Barthélemy ; mais le gouvernement directorial n'en resta pas moins faible et divisé à l'intérieur. Il n'eut de force et d'éclat que dans les glorieuses campagnes d'Italie et d'Égypte.

Campagne de Bonaparte en Italie. (1796-1797). — La Savoie avait été conquise par la France dès l'année 1793 ; le Piémont, uni avec l'Autriche, se préparait à tenter un vigoureux effort. Le Directoire opposa aux Austro-Sardes le jeune général qui avait repris Toulon aux Anglais et vaincu l'émeute au 13 vendémiaire ; Napoléon Bonaparte, né Ajaccio en 1769, fut chargé de la guerre, d'Italie. A son arrivée, il trouva une armée de trente mille hommes sans argent, sans vivres, et presque sans vêtements. Il lui montra l'Italie comme la terre qui lui fournirait tout ce dont elle manquait. Les Alpes furent tournées, les Apennins escaladés (12 avril 1796), et les ennemis vaincus à Montenotte, à Millesimo, à Dégo et à Mondovi dans les États sardes. Les Piémontais écrasés déposèrent les armes, et Bonaparte marcha vers le Pô, le passa le

7 mai, et s'avança jusqu'à Lodi sur l'Adda. L'armée autrichienne, commandée par Beaulieu, lui disputa vivement le passage. Le pont de Lodi fut enlevé le 9 mai, Milan pris le 15, le Mincio passé le 28, et les Autrichiens de nouveau vaincus à Borghetto. La ligne de l'Adige fut alors conquise par les Français. L'armée de Beaulieu était presque entièrement détruite. Bonaparte imposa un traité à Venise et au pape Pie VI, qui lui céda Bologne et Ferrare. Deux armées autrichiennes s'avançaient pour reconquérir la Lombardie. Bonaparte vola à leur rencontre, parvint à les séparer, battit l'une à Lonato (3 août), l'autre à Castiglione (5 août). Remontant l'Adige, il poursuivit jusque dans les montagnes du Tyrol l'armée autrichienne, la vainquit à Roveredo, à Bassano sur la Brenta, et à Saint-Georges. L'armée de Wurmser, qui avait succédé à Beaulieu, fut alors dispersée, et ce général réduit à s'enfermer dans Mantoue.

Cependant une nouvelle armée autrichienne, conduite par Alvinzi, s'avançait au secours de Wurmser. Elle fut vaincue à Arcole, près de Vérone (17 novembre), après trois jours de combat. Ce fut dans une de ces journées meurtrières que l'on vit Bonaparte s'élancer, un drapeau à la main, sur le pont d'Arcole, braver les décharges de l'artillerie, et décider la victoire par son intrépidité. Cependant l'armée ennemie, qui était toujours plus considérable que celle de la France, s'avançait le long de l'Adige. Bonaparte, retranché sur le plateau de Rivoli, au nord de Vérone, triompha, le 14 janvier, de troupes deux fois plus nombreuses que les siennes, et, sans laisser aux ennemis le temps de se reconnaître, il revint en toute hâte vers Mantoue, battit à la Favorite (16 janvier 1797), près de cette ville, un corps d'armée qui arrivait au secours de Wurmser, et força ce général à capituler. Avant de poursuivre ses victoires contre l'Autriche, Bonaparte imposa au pape le traité de Tolentino, qui donna à la France plusieurs millions et de nombreux objets d'art. Ne craignant plus d'ennemis en Italie, Bonaparte se dirigea vers le nord, battit au Tagliamento (16 mars) les Autrichiens commandés par l'archiduc Charles, et remporta une nouvelle victoire (19 mars) au col de Tarwis, entre les sources de la Save et de la Drave, au milieu des neiges et des nuages. Bonaparte marcha alors rapidement vers l'Autriche pour opérer sa jonction avec l'armée d'Allemagne, et dicter dans Vienne la paix à l'empereur. Déjà il avait franchi la Drave, pris Klagenfurth, triomphé des derniers corps autrichiens à Neumark (1er avril), et atteint Leoben à vingt-cinq lieues de Vienne, lorsque les Autrichiens demandèrent la paix. Les préliminaires furent signés à Leoben (18 avril 1797), et bientôt changés en un traité définitif à Campo-Formio.

Traité de Campo-Formio (17 octobre 1797). — Entre la signature des préliminaires de Leoben et le traité de Campo-Formio, Venise eut l'imprudence de provoquer les Français en soulevant contre eux les villes de sa dépendance. Le massacre des Français à Vérone, connu sous le nom de *Pâques véronaises*, fut suivi d'une déclaration de guerre à Venise. Cette république en décadence ne pouvait arrêter longtemps le vainqueur de l'Italie. Elle fut sacrifiée par Bonaparte et effacée du rang des nations ; le traité de Campo-Formio l'abandonna à l'Autriche en échange des nombreuses provinces cédées à la France. L'Autriche eut le Frioul, l'Istrie et la Dalmatie ; mais elle abandonna à la France les Pays-Bas autrichiens, et la limite du Rhin avec la forteresse de Mayence. Les îles Ioniennes, ancienne possession de Venise, furent aussi cédées à la France. La république cisalpine, reconnue par le traité de Campo-Formio, comprit la Lombardie, Mantoue, Modène, Reggio, Bologne et Ferrare enlevées au pape, ainsi que Brescia et Bergame, qui avaient fait partie des États vénitiens. Ce traité mit le comble à la gloire de Bonaparte. Quelle différence entre ce héros de vingt-huit ans, vainqueur de l'Italie, pacificateur de l'Europe, et le Directoire, qui ne savait ni assurer la liberté ni maintenir l'ordre ! Bonaparte fut reçu en France avec un enthousiasme qui inquiéta les directeurs. Ils se hâtèrent de l'éloigner en lui ouvrant une nouvelle carrière de gloire. Bonaparte saisit l'occasion de s'illustrer sur un autre théâtre, et consentit à partir pour l'Orient, où ses pareils, Alexandre et César, avaient conquis leur renommée. D'ailleurs il croyait que, pour vaincre l'Angleterre, il fallait l'attaquer sur la Méditerranée, en Égypte, dans l'Inde. « La Méditerranée, disait-il, est un lac français. » L'expédition d'Égypte fut résolue, et Bonaparte chargé de la diriger.

N° 22.

Expédition d'Égypte. — Retour de Bonaparte. — Le 18 brumaire.—Constitution de l'an VIII.

Expédition d'Égypte (1798-1799). — Bonaparte partit de Toulon le 19 mai 1798 ; il cingla droit vers Malte, où il s'était ménagé des intelligences, et s'en empara. L'ordre de Malte fut alors dispersé et réduit à implorer la protection de l'empereur de Russie. La flotte française se dirigea ensuite vers Alexandrie, et le débarquement s'effectua près de cette ville. L'Égypte dépendait de la Turquie et était soumise à un pacha envoyé par le sultan; mais le pacha lui-même tremblait devant la cavalerie des mameluks, qui avait ses chefs ou beys indépendants et dominait en Égypte, comme au temps de saint Louis. Les Arabes et les Cophtes étaient asservis par cette race conquérante, mais nourrissaient contre elle une haine profonde dont Bonaparte sut habilement profiter. Il s'empara d'Alexandrie, et fit respecter les propriétés et la religion des musulmans. Il marcha ensuite vers le Caire, franchit en quelques jours le Delta, où l'armée de saint Louis avait été arrêtée pendant plusieurs mois, et le 21 juillet il arriva près du Caire, où il trouva, rangée en bataille, l'armée des mameluks. Il ordonna sur-le-champ l'attaque. « Du haut de ces pyramides, quarante siècles vous contemplent! » dit-il à ses soldats émerveillés à la vue de ces monuments gigantesques. Après une victoire complète (21 juillet 1798), Bonaparte entra au Caire où il fonda l'Institut d'Égypte. Malheureusement, vers cette époque, la flotte française fut attaquée, dans la rade d'Aboukir, par l'amiral anglais Nelson, et détruite ou dispersée. L'amiral français Brueys périt dans la bataille. L'armée de Bonaparte, forte d'environ quarante mille hommes, se trouvait ainsi séparée de sa patrie et ne pouvait échapper à la ruine que par la victoire.

Bonaparte, menacé par la Porte Ottomane, résolut de la prévenir. Il laissa à Desaix le soin d'achever la conquête de l'Égypte, et porta la guerre en Syrie; il traversa sur un dromadaire, comme le calife Omar, ce désert de Syrie qui rappelait tant de noms célèbres, Moïse, les pharaons, Alexandre et les conquérants arabes; il prit El-Arish (l'ancienne Rhinocolura), Gaza, Jaffa, et alla mettre le siége devant l'antique Ptolémaïs, Saint-Jean d'Acre, pleine du souvenir des croisades, de Richard Cœur de Lion et des chevaliers de Saint-Jean de Jérusalem. La ville fut défendue par les Anglais, et l'approche d'une armée turque força Bonaparte de s'en éloigner pour quelque temps. Il triompha des Turcs (16 avril 1799) auprès de ce mont Thabor, auquel sont attachés de si merveilleux souvenirs. Il revint ensuite presser le siége de Saint-Jean d'Acre, mais il ne put s'en emparer, et, après plusieurs assauts meurtriers, il fut obligé de lever le siége le 20 mai. A son retour en Égypte il gagna sur les Turcs, qui venaient de débarquer près d'Alexandrie, la bataille d'Aboukir (25 juillet), près de la côte qui avait vu le désastre de la flotte française. L'armée était enthousiaste de son jeune général, et Kléber, un des héros de cette guerre, pressant Bonaparte dans ses bras, s'écria : « Général, vous êtes grand comme le monde. » Cependant les nouvelles arrivées de France étaient loin d'être favorables ; on apprenait que la république était menacée par une formidable coalition et déchirée par des discordes intestines. La famille de Bonaparte et les amis qu'il avait en France appelaient son retour comme le seul événement qui pût sauver la patrie.

Retour de Bonaparte. — Bonaparte céda à leurs conseils, quitta l'Égypte le 22 août 1799, arriva le 1er octobre à Ajaccio, où les vents contraires le retinrent pendant plusieurs jours, traversa heureusement les croisières anglaises, débarqua à Fréjus le 9 octobre et courut immédiatement à Paris. On le reçut comme un libérateur. Pendant son absence, la France avait vu se former contre elle une ligue redoutable. L'Autriche avait repris les armes ; la Russie, qui avait achevé le démembrement de la Pologne et où Paul Ier avait succédé à Catherine II, en 1796, s'était unie aux Russes et aux Anglais pour enlever à la France ses conquêtes. La lutte s'était engagée à la fois en Italie, en Suisse, en Hollande et sur le Rhin. La Hollande avait été transformée en république *batave* sous le protectorat de la France ; l'Italie avait vu s'élever les républiques *ligurienne* (pays de Gênes), *romaine* dans les États pontificaux et *parthénopéenne* (royaume de Naples). L'ancienne constitution de la Suisse avait été modifiée. Dans tous ces pays, la république française avait des ennemis qui secondaient les puissances coalisées. Les Austro-Russes avaient reconquis la Lombardie. Les Français, après avoir évacué le royaume de Naples et les États pontificaux, venaient d'être chassés du Piémont et rejetés au delà du Var. En Allemagne, Jourdan avait essuyé des revers. Brune avait arrêté les Anglais en Hollande, et Masséna avait vaincu les Russes à Zurich (25 et 26 septembre) ; mais la situation n'en était pas moins critique, lorsque le général Bonaparte arriva d'Égypte. Tous les regards se tournèrent vers lui et il devint immédiatement le centre des intrigues politiques. Il ne restait plus de l'ancien Directoire que Barras. Ses collègues étaient alors Siéyès, Roger-Ducos, Gohier et le général Moulins. Bonaparte endormit Barras et gagna Siéyès et Ducos ; il avait pour lui l'armée, la majorité du conseil des Anciens et enfin l'opinion nationale qui voulait un gouvernement fort à l'intérieur et glorieux à l'extérieur. Il fut décidé qu'un coup d'État renverserait le Directoire et que trois consuls provisoires, Bonaparte, Siéyès et Ducos, investis d'une autorité dictatoriale, donneraient à la France une nouvelle constitution.

Journée du 18 brumaire (9 novembre 1799).—Ce fut le 18 brumaire (9 novembre 1799) que fut exécuté le coup d'État. Le conseil des Anciens convoqué dès le matin ordonna la translation de l'assemblée législative à Saint-Cloud et investit le général Bonaparte du commandement de toutes les forces militaires. Siéyès et Ducos déposèrent leur démission entre les mains de Bonaparte. Barras, cédant aux sollicitations de ce général, envoya la sienne. Gohier et Moulins, qui résistèrent furent bloqués au Luxembourg. Le lendemain, 10 novembre, les deux conseils se réunirent à Saint-Cloud. Bonaparte se présenta au conseil des Anciens, et, sous prétexte de repousser les calomnies dont il était l'objet, il attaqua la conduite du Directoire et rappela les nombreuses atteintes portées à la constitution. « La constitution de l'an III, dit-il, vous n'en avez plus ; elle est invoquée de toutes les factions, et elle a été violée par toutes ; elle ne peut être pour nous un moyen de salut, parce qu'elle n'obtient plus le respect de personne. La constitution violée, il faut un autre pacte, de nouvelles garanties. » Le conseil applaudit aux reproches que lui adressait Bonaparte, et se leva en signe d'approbation.

La victoire ne fut pas aussi facile au conseil des Cinq-Cents. Bonaparte fut accueilli par les cris : *Hors la loi ! à bas le dictateur !* Il fut environné et menacé par les membres de l'assemblée ; les grenadiers qui lui avaient servi d'escorte l'enlevèrent dans leurs bras. Son frère Lucien, qui était président des Cinq-Cents, quitta l'assemblée avec quelques députés dévoués à son parti, harangua les troupes et leur dit qu'on avait voulu assassiner leur général. Aussitôt l'ordre fut donné de faire évacuer la salle des Cinq-Cents ; la salle fut envahie et les grenadiers, la baïonnette en avant, forcèrent les législateurs de prendre la fuite. Cromwell avait de même dispersé le Long-Parlement pour s'emparer de la dictature militaire. Les députés du parti de Bonaparte déclarèrent alors que l'assemblée législative était suspendue et que trois consuls, Bonaparte, Siéyès et Ducos, seraient investis d'une dictature provisoire pour donner une *nouvelle constitution* à la France. Ce décret fut sanctionné par les Anciens. Les consuls s'occupèrent immédiatement de préparer la nouvelle constitution de concert avec deux commissions législatives. Elle fut publiée le 24 décembre 1799, et est connue dans l'histoire sous le nom de constitution de l'an VIII ou constitution consulaire.

Constitution de l'an VIII (24 décembre 1799).—La constitution

7.

consulaire séparait nettement le pouvoir exécutif et le pouvoir législatif. Le pouvoir exécutif était confié à trois consuls, dont deux étaient élus pour dix ans et le troisième pour cinq ans. Le premier consul nommait à toutes les fonctions administratives, à tous les grades de l'armée et aux principales dignités de la magistrature ; il promulguait les lois. Le pouvoir législatif était partagé entre plusieurs assemblées : le conseil d'État préparait les lois et nommait des orateurs pour les soutenir ; le corps législatif, composé de trois cents membres choisis par le sénat sur une liste de candidats, votait les lois, sans les discuter ; le tribunat, composé de cent membres élus de la même manière, était chargé de discuter les lois devant le corps législatif, contradictoirement avec les orateurs du conseil d'État. Enfin un sénat conservateur veillait au maintien de la constitution ; il se composait de quatre-vingts membres qui se recrutaient eux-mêmes, et étaient chargés de veiller au maintien de la constitution et de choisir sur une liste de candidats les membres du tribunat et du corps législatif. Siéyès et Ducos se retirèrent après avoir nommé la majorité du sénat ; à son tour, cette majorité nomma les autres sénateurs qui choisirent les trois cents membres du corps législatif. Napoléon Bonaparte resta premier consul et eut pour collègues Cambacérès et Lebrun.

N° 25.

Consulat.—Marengo.—Paix de Lunéville et d'Amiens.—Concordat.—Code civil.—Consulat à vie.

Consulat.—La période appelée *consulat* a duré du 24 décembre 1799 au 18 mai 1804. Elle est remarquable par les victoires sur la coalition qui menaçait la France et par la réorganisation administrative. Le premier consul avait à reconquérir l'Italie et à repousser les Autrichiens qui menaçaient le territoire français. Il rassembla une armée à Dijon (1800), traversa les Alpes au Grand-Saint-Bernard, et le 1er juin fit son entrée à Milan. Le 9 il passa le Pô, battit les Autrichiens à Montebello, où le général Lannes conquit ses titres de noblesse.

Marengo.—Paix de Lunéville et d'Amiens—Le 14, il livra une bataille décisive dans les vastes plaines de Marengo, près d'Alexandrie. La victoire, longtemps disputée, finit par se déclarer pour les Français. Desaix, qui avait contribué à la décider, tomba mortellement blessé; le jour même, son compagnon de gloire en Égypte, Kléber, expirait au Caire sous le poignard d'un assassin. La victoire remportée par Moreau à Hohenlinden (Bavière) couronna dignement la campagne de 1800. Cette campagne décida les Autrichiens à signer la paix de Lunéville (9 février 1801), qui assurait à la France la Belgique et tous les pays situés sur la rive gauche du Rhin, reconnaissait les républiques batave, helvétique, ligurienne et cisalpine, et fixait l'Adige pour limite des États autrichiens en Italie. La Russie s'était déjà réconciliée avec la France. Restait l'Angleterre. Le premier consul signa avec cette puissance le traité d'Amiens (25 mars 1802), qui proclamait la liberté des mers, restituait à la France et à ses alliés les possessions conquises par les Anglais, excepté la Trinité et Ceylan. L'Égypte devait être rendue à la Porte Ottomane; Malte, dont les Anglais s'étaient récemment emparés, revenait aux chevaliers de Saint-Jean de Jérusalem. Les Français devaient évacuer les États romains et le royaume de Naples, les Anglais, les ports de la Méditerranée qu'ils occupaient.

Le traité d'Amiens pacifia l'Europe troublée depuis si longtemps par la guerre. Le premier consul profita de ce repos pour fonder d'utiles institutions.

Concordat.—Les affaires religieuses appelèrent son attention, et il prouva dans cette question délicate avec quel bon sens pratique il savait concilier les traditions du passé et les conquêtes des temps modernes. La France était catholique; la presque totalité de la nation demandait que les églises fussent ouvertes, et que le culte y fût publiquement célébré. Le premier consul entama des négociations avec le saint-siége, et conclut le concordat le 15 juillet 1801 avec le pape Pie VII; les églises furent rendues au culte catholique, et une dotation assurée au clergé. Le chef de l'État nommait les archevêques et évêques, qui recevaient du pape l'institution canonique. La nomination des curés appartenait aux évêques; mais elle devait être approuvée par le gouvernement. L'article 13 du concordat garantit la sécurité des acquéreurs de biens ecclésiastiques. De nouvelles circonscriptions épiscopales furent établies, d'accord avec le saint-siége, et le nombre des diocèses fut restreint. Bonaparte consacra en même temps la liberté des cultes et le droit de surveillance exercé par l'État. Les ministres protestants et les rabbins juifs furent reconnus par le gouvernement et en reçurent un traitement.

Code civil. — Une des œuvres les plus glorieuses du premier consul fut le code civil. Les anciennes coutumes avaient été abolies, et l'unité de loi proclamée ; mais pour la faire passer dans la pratique, il fallait choisir dans les coutumes traditionnelles ce qui pouvait être conservé, et l'approprier à la nouvelle situation de la France. En 1800, le premier consul nomma une commission composée de Tronchet, Bigot-Préameneu, Portalis et Malleville pour préparer le Code civil ; elle acheva son travail en quatre mois. Le projet de code fut alors soumis au tribunal de cassation et à tous les tribunaux d'appel, puis renvoyé à l'examen du conseil d'État. Ce fut surtout dans les longues et profondes discussions de ce conseil que s'élabora le Code civil ; le premier consul prit une part très-active à ces discussions. Un des jurisconsultes les plus éminents de notre époque, M. Troplong, écrivait il y a déjà longtemps : « Si le Code civil opéra la fusion des idées anciennes avec les idées de la Révolution, c'est principalement à Napoléon qu'il faut en attribuer l'honneur ; son esprit de conciliation prudente brille dans le code, comme dans la réunion des partis politiques qui déchiraient l'État. » Pour que le nouveau code eût force de loi, il fallait un vote du corps législatif. Les attaques très-vives du tribunat et les dispositions peu favorables d'une partie du corps législatif firent ajourner le vote jusqu'au 20 mars 1804. Le Code civil fut promulgué à cette époque, et prit bientôt le nom de *code Napoléon*, qu'il porte encore aujourd'hui.

La réorganisation administrative de la France fut aussi l'œuvre du premier consul et du conseil d'État institué par la constitution de l'an VIII, et composé de jurisconsultes et d'administrateurs d'un mérite éminent : préfectures, tribunaux, lois, finances, instruction publique, cultes, tout reçut une merveilleuse impulsion. Le premier consul, en présence d'une redoutable coalition, ne cessa de s'occuper de ces détails administratifs. Il assistait aux délibérations du conseil d'État et résolvait par la vigueur de son esprit les plus sérieuses difficultés. La France, après une longue anarchie, avait surtout besoin d'ordre. Bonaparte établit une hiérarchie administrative qui faisait pénétrer rapidement les volontés du gouvernement dans toutes les parties de la république française. Chaque département fut dirigé par un préfet nommé par le premier consul et relevant exclusivement du pouvoir central. Les arrondissements ou subdivisions des départements furent administrés par des sous-préfets subordonnés aux préfets. Dans l'ordre judiciaire, le tribunal de cassation fut maintenu au sommet de la hiérarchie pour fixer la jurisprudence et annuler les arrêts contraires à la loi. Plusieurs départements formèrent la circonscription d'un tribunal d'appel. Chaque arrondissement eut son tribunal de première instance, et chaque canton son juge de paix. La nomination de tous les juges appartint au premier consul. L'organisation financière était également d'une grande simplicité. Tous les percepteurs d'impôts directs ou indirects versaient les sommes qu'ils recevaient dans la caisse du receveur général de chaque département, et le receveur général en rendait compte à l'administration centrale. Cette organisation administrative, judiciaire et financière, qui substituait la simplicité et l'unité à la multiplicité des anciennes coutumes et aux rouages compliqués des anciennes administrations, est encore en vigueur. Le temps et l'expérience ont prouvé avec quelle sagesse le premier consul avait organisé la France.

Ce fut encore pendant cette époque que le premier consul fonda les lycées et institua l'ordre de la Légion d'honneur (19 mai 1802). On attaqua cette dernière mesure comme une atteinte portée à l'égalité ; mais, ainsi que l'a dit avec raison un historien moderne, cette création était le triomphe le plus éclatant de l'égalité même, non de celle qui égalise les hommes en les abaissant, mais de celle qui les égalise en les élevant, puisqu'elle plaçait sur la poitrine du simple soldat et du savant modeste la même décoration qui devait figurer sur la poitrine des chefs d'armée, des princes et des rois.

Consulat à vie.—Tant de services rendus par le premier consul montraient en lui l'homme nécessaire à la France. Un odieux complot tramé contre sa vie, et l'explosion de la machine infernale ne firent que le rendre plus cher à la nation. Il fut nommé consul à vie (1802) par plus de trois millions de suffrages, et ce ne fut que l'acheminement à une plus haute puissance. Le renouvellement des hostilités rendit bientôt nécessaire une plus forte concentration de pouvoir. La paix d'Amiens fut rompue le 28 mai 1803 ; l'Angleterre, qui n'avait pas voulu évacuer Malte, mit immédiatement l'embargo sur tous les navires français qui stationnaient dans ses ports. Le premier consul songeait à une vengeance éclatante, et prépara une descente en Angleterre. Une armée fut réunie à Boulogne (1804), et ce lieu indiqué comme point de départ de l'invasion générale. Ce fut à cette époque qu'un tribun proposa de nommer Napoléon empereur, et de rendre le pouvoir héréditaire dans sa famille. Le corps législatif applaudit à cette motion, et la constitution impériale fut promulguée par le sénat le 18 mai 1804. Napoléon accepta, et l'empire succéda au consulat.

N° 24.

Empire.—Campagne d'Austerlitz. — Trafalgar. — Paix de Presbourg. — Campagnes de Prusse, Iéna, Friedland.— Paix de Tilsitt. — Blocus continental. — Commencement de la guerre d'Espagne.—Wagram.

Empire (1804-1815).—Le pape Pie VII vint sacrer Napoléon le 2 décembre 1804. La république cisalpine s'empressa d'offrir à l'empereur la couronne d'Italie; il l'accepta le 17 mars 1805, fut couronné à Milan le 26 mars et confia la vice-royauté à Eugène de Beauharnais, fils de l'impératrice Joséphine et de son premier mari, le comte de Beauharnais. La république ligurienne (États de Gênes) et le Piémont furent incorporés à la France. La Toscane devint le royaume d'Étrurie, gouverné, sous le protectorat de la France, par l'ancien duc de Parme et de Plaisance. Les États pontificaux et le royaume de Naples étaient aussi dans la dépendance de la France. La Sicile seule résistait soutenue par les Anglais, dont Napoléon rencontrait partout la formidable opposition. Il était sur le point de porter la guerre jusque dans leur île et venait de visiter le camp de Boulogne, lorsque l'Angleterre parvint à organiser la troisième coalition contre la France (1805). L'Espagne, la Russie, l'Autriche et la Suède y accédèrent successivement.

Campagne d'Austerlitz.—Paix de Presbourg.—Les Autrichiens envahirent la Bavière sans déclaration de guerre (août 1805), et l'archiduc Charles entra en Italie. L'empereur lui opposa Masséna, pendant que lui-même, abandonnant le projet de descente en Angleterre, franchissait le Rhin (1er octobre), soumettait en quelques jours le duché de Bade et de Wurtemberg, entrait en Bavière (6 octobre), battait le général Mark à Wertingen près de Donawerth, enfin l'accablait et le forçait de déposer les armes à la bataille d'Ulm (15 octobre). L'armée autrichienne fut désorganisée et mise en fuite par une suite de combats et de revers, et le 15 novembre Napoléon entra victorieux dans la capitale de l'Autriche, pendant que l'archiduc Charles était chassé du Tyrol par Masséna. Les deux armées d'Allemagne et d'Italie opérèrent leur jonction à Klagenfurth (Carinthie), et l'empereur d'Autriche François fut forcé de se retirer à Olmütz (Moravie) avec les débris de son armée. Là, il s'unit aux Russes qu'amenait l'empereur Alexandre. Napoléon n'attendit pas les ennemis ; il passa le Danube et se trouva bientôt en présence des Austro-Russes dans les plaines d'Austerlitz (2 décembre 1805). Les ennemis avaient quatre-vingt-quinze mille hommes ; les Français quatre-vingt mille. Napoléon illustra à jamais l'anniversaire de son couronnement par la victoire d'Austerlitz. Les conséquences en furent immenses : elle mit les Russes en fuite ; retint la Prusse qui allait se déclarer contre la France, et imposa à l'Autriche la paix de Presbourg (26 décembre). L'empereur François abandonna les États vénitiens au royaume d'Italie, l'Istrie et la Dalmatie à l'empire français. La Bavière fut érigée en royaume et obtint le Tyrol avec quelques principautés voisines. Le Wurtemberg devint également un royaume et fut agrandi de la Souabe autrichienne ; enfin le margraviat de Bade fut transformé en grand-duché.

Trafalgar.—Les brillants et rapides succès de Napoléon furent attristés par la défaite de la flotte française à Trafalgar (20 octobre 1805). Cependant la domination de l'empereur sur le continent n'en fut pas ébranlée. Il avait réussi à isoler l'Autriche de l'Italie en lui enlevant les provinces qui touchaient à ce royaume ; il avait remanié l'Allemagne du sud et créé deux royaumes et un grand-duché intéressés à la prospérité de la France. Il disposa, en 1806, des couronnes de Naples et de Hollande en faveur de ses frères Joseph et Louis, nomma son beau-frère Murat grand-duc de Berg (15 mars 1806), et Berthier, un de ses généraux, prince de Neuchâtel en Suisse. Enfin la confédération du Rhin (12 juillet), comprenant la Bavière, le Wurtemberg, les grands-duchés de Berg, de Bade et de Darmstadt, et d'autres pays moins importants, forma, dans l'empire, un État indépendant, qui reconnut Napoléon pour protecteur. Dès lors le titre d'empereur d'Allemagne devenait dérisoire ; François y renonça. Ainsi se termina, en 1806, l'empire germanique fondé, au xᵉ siècle, par Othon le Grand. Ce remaniement de l'Allemagne ne pouvait s'accomplir sans blesser un grand nombre d'intérêts. La Prusse surtout en avait souffert. Napoléon lui avait enlevé le Clèves-Berg, la principauté de Neuchâtel en Suisse, et le margraviat d'Anspach, qui avait été donné à la Bavière.

Campagne de Prusse : Iéna, Friedland. — Cédant aux excitations de l'Angleterre et de la Russie, la Prusse forma avec ces puissances la quatrième coalition (octobre 1806). La bataille d'Iéna (14 octobre 1806 fut une glorieuse revanche de la journée de Rosbach. Cinquante mille Prussiens furent tués ou pris, et Napoléon fit détruire la colonne élevée à Rosbach par Frédéric en 1757. Le 25 octobre, l'armée française entrait à Berlin. Napoléon n'emporta de Potsdam que l'épée du grand Frédéric. « J'aime mieux cela que vingt millions, » disait le vainqueur d'Austerlitz et d'Iéna. Bientôt toute la Prusse jusqu'à la Vistule et la Silésie furent occupées. Les Français ne tardèrent pas à se trouver en présence des Russes qui venaient soutenir leur allié Frédéric-Guillaume. La bataille d'Eylau qui se livra sur un sol glacé et au milieu des tourbillons de neige (8 février 1807), fut une des plus sanglantes de cette guerre. Huit mille Russes restèrent sur le champ de bataille ; mais les Français avaient chèrement acheté la victoire. La bataille de Friedland (14 juin 1807) fut plus décisive ; les Russes y perdirent quarante mille hommes, tués ou fait prisonniers. Deux jours après les Français entrèrent dans Kœnigsberg, capitale de la Prusse orientale, et bientôt Napoléon arriva sur les bords du Niémen. L'empereur Alexandre lui fit demander une entrevue qui eut lieu sur un radeau construit au milieu du fleuve.

Paix de Tilsitt. — Les deux empereurs y convinrent des conditions de la paix qui fut signée à Tilsitt, le 7 juillet 1807. La Prusse y perdit une partie de ses États ; les provinces polonaises lui furent enlevées et données au roi de Saxe qui devint grand-duc de Varsovie. A l'autre extrémité de la Prusse, les provinces situées entre le Rhin et l'Elbe formèrent, avec la Hesse, le Brunswick et une partie du Hanovre, le royaume de Westphalie, dont le souverain fut Jérôme Bonaparte, un des frères de l'empereur. Dantzick fut déclaré ville libre. La Russie s'engagea à évacuer la Valachie et la Moldavie, et reconnut la confédération du Rhin ainsi que les nouveaux royaumes. Napoléon, remaniant l'Allemagne du nord comme l'Allemagne du sud, créait contre la Prusse les royaumes de Saxe, de Westphalie et le grand-duché de Berg, de même qu'il avait élevé contre l'Autriche les royaumes de Bavière, de Wurtemberg et le grand-duché de Bade.

Blocus continental. — Ce fut pendant cette guerre que Napoléon, par un décret daté de Berlin (21 novembre 1806), proclama le blocus continental. Tous les ports de la Grande-Bretagne étaient déclarés en état de blocus ; tout commerce était interdit avec eux ; toute marchandise appartenant à l'Angleterre était déclarée de bonne prise ; aucun bâtiment anglais ne pouvait être reçu dans les ports de France, etc. Pour appliquer le blocus continental dans toute sa rigueur, Napoléon se trouva entraîné à des mesures violentes : il enleva Stralsund (6 août 1807) aux Suédois, qui refusaient de fermer leurs ports à l'Angleterre. Le Portugal résistait également. Napoléon le fit envahir (novembre 1807) par Junot, qui s'en empara en quelques jours et fut nommé duc d'Abrantès et gouverneur général. La famille royale de Portugal se retira au Brésil. La conquête du Portugal conduisit à celle de l'Espagne. L'anarchie régnait à la cour de Madrid, qui était dominée par le favori de Charles IV, don Manuel Godoi, prince de la Paix. Napoléon se rendit à Bayonne (mars 1808) et força Charles IV et son fils Ferdinand à abdiquer en sa faveur. Il donna ensuite la couronne d'Espagne à son frère Joseph Bonaparte, roi de Naples; mais la nation espagnole ne se résigna pas à subir une domination étrangère.

Commencement de la guerre d'Espagne. — Une junte ou assemblée d'états se réunit à Séville et proclama roi Ferdinand VII; des insurrections éclatèrent à Valence, à Saragosse, à Cadix, etc. Il fallut envoyer une armée française en Espagne et commencer une guerre que la nature du pays coupé de montagnes, le fanatisme intrépide des habitants et le secours de l'Angleterre devaient rendre longue et désastreuse. Dès le commencement des hostilités, le général Dupont capitula à Baylen (Andalousie), le 22 juillet 1808. Quelques jours après, Wellington. qui s'appelait alors Arthur Wellesley, débarquait, à la tête d'une armée, en Portugal et forçait les Français d'évacuer ce royaume. Les Anglais entrèrent alors en Espagne et en enlevèrent une grande partie aux Français. Il fallait se hâter de concentrer des forces dans ce pays et d'y frapper des coups décisifs. Napoléon s'y rendit en personne (novembre 1808), battit les Espagnols en Galice, en Castille, entra victorieux à Madrid (4 décembre) et chercha vainement à gagner les Espagnols par une proclamation où il se présentait non comme un maître, mais comme un libérateur. Les Anglais furent chassés de l'Espagne et Joseph Bonaparte ramené dans sa capitale (22 janvier 1809). Cependant la résistance fut énergique; Saragosse se fit remarquer entre toutes les villes de l'Espagne par son intrépidité. Lorsque les Français s'en emparèrent le 21 février, elle n'était plus qu'un monceau de cendres. L'Espagne entière semblait sur le point d'être domptée; mais une diversion menaçante de l'Autriche appela Napoléon à l'autre extrémité de son empire.

Wagram.—L'Autriche venait de lever plus de cinq cent mille hommes; l'Italie et la Prusse étaient chancelantes, la Westphalie en pleine révolte, la Bavière envahie. Napoléon marcha contre l'Autriche et pressa la guerre avec sa rapidité ordinaire; il délivra la Bavière par la journée d'Abensberg (20 avril) et par les victoires de Landshut et d'Eckmühl (21 et 22 avril). Vienne tomba au pouvoir des Français dès le 13 mai. Napoléon poursuivit les ennemis au delà du Danube, et, malgré les pertes essuyées dans l'île Lobau et à la journée d'Essling, il remporta une victoire décisive, quoique vigoureusement disputée, à Wagram, au nord d'Essling, et imposa aux Autrichiens la paix de Vienne, qui termina la quatrième coalition. L'Autriche cédait Salzbourg et son territoire à la confédération du Rhin. La France obtenait l'Istrie, la Croatie, la Carniole, le littoral hongrois; la Saxe, quelques parties de la Bohême et Cracovie avec la Nouvelle-Gallicie. A cette époque, l'empire de Napoléon était parvenu à son apogée. Il força le roi de Suède Gustave IV à abdiquer, parce qu'il ne secondait pas activement sa politique. Le pape fut enlevé, transféré à Grenoble et ses États réunis à l'empire français. La Hollande, que Napoléon avait érigée en royaume en faveur de son frère Louis, fut incorporée à l'empire. Le Valais et les villes hanséatiques (Brème, Hambourg, Lübeck) furent occupés, ainsi que le duché d'Oldenbourg.

N° 25.

Géographie politique de l'Europe en 1810.

Géographie politique de l'Europe en 1810.—En 1810, l'empire français était borné au nord par la mer du Nord et le Danemark; il touchait à la Baltique par Lübeck. A l'ouest, il avait pour limite l'océan Atlantique; au sud, les Pyrénées et la mer Méditerranée. A l'est, il confinait au Mecklenbourg, au royaume de Westphalie, au grand-duché de Berg et à la confédération du Rhin; sur ce dernier point, il avait le Rhin pour limite. Le Doubs, le Jura et le Rhône le séparaient de la Suisse; le Pô, du royaume d'Italie; il s'étendait, en Italie, jusqu'au royaume de Naples et comprenait la Corse. Une partie des proinces qui longent la mer Adriatique, la Carinthie, l'Istrie, la Croatie, la Dalmatie et les îles Ioniennes faisaient partie de l'empire; ainsi il renfermait, outre l'ancienne France : la Belgique, la

Hollande, le Valais, les provinces allemandes de la rive gauche du Rhin, une partie du Hanovre, le duché d'Oldenbourg, et les villes hanséatiques de Brême, Hambourg et Lübeck, une partie considérable de l'Italie (Savoie, Piémont, Parme et Plaisance, Toscane, États pontificaux et les provinces illyriennes); il dominait les embouchures de l'Escaut, de la Meuse, du Rhin, du Weser et de l'Elbe, et formait cent trente départements administrés par des préfets qui relevaient directement de l'empereur et de ses ministres. La population était de plus de cent millions d'habitants. Ce n'était là cependant qu'une faible partie des États qui dépendaient de Napoléon : le royaume d'Italie, la confédération helvétique dont il était *médiateur*, la confédération du Rhin qui le reconnaissait pour *protecteur*, le royaume d'Espagne qui avait pour souverain Joseph Bonaparte, son frère, le royaume de Naples qu'il avait donné à Joachim Murat, son beau-frère. la Westphalie, la Bavière, le Wurtemberg, la Saxe et le grand-duché de Varsovie étaient en réalité des provinces françaises. Le Danemark, qui comprenait la Norvége, était tout dévoué à Napoléon. La Suède venait de reconnaître (1808) pour prince héréditaire un de ses lieutenants, le prince de Ponte-Corvo (Bernadotte). On n'avait pas vu depuis l'empire romain une puissance aussi colossale.

L'Angleterre, l'adversaire implacable de Napoléon, avait en son pouvoir, outre les îles Britanniques, Gibraltar, Malte, Helgoland sur les côtes du Danemark ; elle régnait sur les mers et dans les colonies. Elle occupait la Sicile, le Portugal et une partie de l'Espagne, et soudoyait les puissances européennes qui soutenaient contre Napoléon une lutte acharnée. L'Allemagne, tant de fois remaniée par l'empereur, se divisait en quatre royaumes et plusieurs grands-duchés. Les royaumes étaient la Westphalie, la Saxe, le Wurtemberg et la Bavière. Le royaume de Westphalie comprenait une partie du Hanovre avec la ville du même nom, le duché de Brunswick, et une partie de la Hesse. Le royaume de Saxe, qui avait Dresde pour capitale, possédait la province actuelle de Saxe prussienne (Magdebourg) et le grand-duché de Varsovie. Le Wurtemberg avait à peu près l'étendue actuelle. La Bavière occupait le Tyrol et l'archevêché de Salzbourg. Le grand-duché de Berg avait pour capitale Dusseldorf et correspondait à une partie de la Prusse rhénane. Stralsund et Danzick avaient été déclarés villes libres. Le Mecklenbourg, Bade, Nassau, Weimar, Gotha, la Hesse, étaient les principaux duchés. La Prusse n'avait conservé que le Brandebourg, la Poméranie, la Silésie et la Prusse proprement dite. Le duché de Posen lui avait été enlevé et réuni au grand-duché de Varsovie. L'empire d'Autriche se composait de l'Autriche proprement dite, de la Bohême, de la Styrie, de la Moravie, de l'Esclavonie, de la Hongrie, de la Gallicie, de la Transylvanie et des confins militaires. La Russie était l'empire le plus vaste après celui de Napoléon. Elle s'étendait de l'océan Glacial à la mer Noire, de la Baltique au Caucase, des monts Ourals au Pruth et au Niémen. Le traité de Tilsitt lui avait imposé l'obligation d'évacuer les provinces de Moldavie et de Valachie ; mais elle en conservait le protectorat, et menaçait toujours la Turquie. Cette dernière puissance possédait encore en Europe les provinces qui s'étendent du Danube à l'extrémité de la Morée, l'île de Candie et les îles de l'Archipel.

Départements français primitifs.—La France avait été divisée en départements par l'assemblée constituante qui en avait établi quatre-vingt-trois (Décret du 17 janvier 1790). Voici la liste de ces départements primitifs avec l'indication des chefs-lieux et des anciennes provinces auxquels ils répondent :

DÉPARTEMENTS.	CHEFS-LIEUX.	PROVINCES.
Nord	Lille	Flandre.
Pas-de-Calais	Arras	Artois.
Somme	Amiens	Picardie.
Seine-Inférieure	Rouen	
Eure	Évreux	
Calvados	Caen	Normandie.
Orne	Alençon	
Manche	Saint-Lô	
Seine	Paris	
Seine-et-Oise	Versailles	
Seine-et-Marne	Melun	Ile-de-France.
Oise	Beauvais	
Aisne	Laon	
Ardennes	Mézières	
Haute-Marne	Chaumont	
Marne	Châlons-sur-Marne	Champagne.
Aube	Troyes	

DÉPARTEMENTS.	CHEFS-LIEUX.	PROVINCES.
Meuse	Bar-le-Duc	
Moselle	Metz	
Meurthe	Nancy	Lorraine.
Vosges	Épinal	
Bas-Rhin	Strasbourg	
Haut-Rhin	Colmar	Alsace.
Haute-Saône	Vesoul	
Jura	Lons-le-Saulnier	Franche-Comté.
Doubs	Besançon	
Ain	Bourg	
Saône-et-Loire	Mâcon	
Côte-d'Or	Dijon	Bourgogne.
Yonne	Auxerre	
Nièvre	Nevers	Nivernais.
Cher	Bourges	
Indre	Châteauroux	Berry.
Loiret	Orléans	
Loir-et-Cher	Blois	Orléanais.
Eure-et-Loir	Chartres	
Indre-et-Loire	Tours	Touraine.
Maine-et-Loire	Angers	Anjou.
Mayenne	Laval	
Sarthe	Le Mans	Maine.
Ille-et-Vilaine	Rennes	
Côtes-du-Nord	Saint-Brieuc	
Finistère	Quimper	Bretagne.
Morbihan	Vannes	
Loire-Inférieure	Nantes	
Vienne	Poitiers	
Deux-Sèvres	Niort	Poitou.
Vendée	Napoléon-Vendée	
Charente-Inférieure	La Rochelle	Aunis.
Charente	Angoulème	Saintonge et Angoumois.
Haute-Vienne	Limoges	
Corrèze	Tulle	Limousin.
Creuze	Guéret	Marche.

DÉPARTEMENTS.	CHEFS-LIEUX.	PROVINCES.
Allier	Moulins	Bourbonnais.
Puy-de-Dôme	Clermont	Auvergne.
Cantal	Aurillac	
Rhône-et-Loire	Lyon	Lyonnais.
Gironde	Bordeaux	Guyenne et Gascogne.
Dordogne	Périgueux	
Landes	Mont-de-Marsan	
Hautes-Pyrénées	Tarbes	
Gers	Auch	
Lot-et-Garonne	Agen	
Lot	Cahors	
Aveyron	Rhodez	
Basses-Pyrénées	Pau	Béarn.
Ariége	Foix	Foix.
Pyrénées-Orientales	Perpignan	Roussillon.
Haute-Garonne	Toulouse	Languedoc.
Tarn	Alby	
Aude	Carcassonne	
Lozère	Mende	
Hérault	Montpellier	
Gard	Nîmes	
Ardèche	Privas	
Haute-Loire	Le Puy	
Isère	Grenoble	Dauphiné.
Drôme	Valence	
Hautes-Alpes	Gap	
Bouches-du-Rhône	Marseille	Provence.
Basses-Alpes	Digne	
Var	Draguignan	
Corse	Ajaccio	Corse.

Le nombre des départements fut porté à 86 par la division du
département du Rhône-et-Loire en départements du Rhône (Lyon)
et de la Loire (Montbrison). Lorsque le comtat Venaissin fut réuni à
la France en 1791, il forma le département de Vaucluse (Avignon).
Enfin, le département de Tarn-et-Garonne fut créé en 1808. La
Corse forma pendant quelque temps les deux départements du Golo
(Bastia) et de Liamone (Ajaccio).

Dès la fin de l'année 1792, la France avait acquis sa frontière naturelle au sud-est et reculé sa limite jusqu'aux Alpes. La Savoie et le comté de Nice réunis à la France formèrent les départements du Mont-Blanc (Chambéry) et des Alpes-Maritimes (Nice). On y ajouta plus tard le département du Léman (Genève). Les traités de Bâle et de Campo-Formio garantirent à la France la limite du Rhin au nord et au nord-est. Quinze nouveaux départements furent alors créés :

DÉPARTEMENTS.	CHEFS-LIEUX.	PROVINCES.
Jemmapes...............	Mons...............	Hainaut et Flandre.
Lys..............	Bruges.............	Flandre.
Escaut................	Gand.............	Brabant méridional.
Dyle	Bruxelles	
Deux-Nèthes........	Anvers	Anvers.
Forest............	Luxembourg.......	Luxembourg.
Sambre-et-Meuse ...	Namur	Namur.
Meuse-Inférieure	Maestricht........	Limbourg.
Ourthe.............	Liége	Pays de Liége.
Roër..............	Aix-la-Chapelle	Juliers et Gueldre.
Bouches-de-l'Escaut..	Middelbourg.......	Zélande.
Bouches-du-Rhin....	Bois-le-Duc	Brabant septentrional.
Sarre..............	Trèves	Électorat de Trèves; duché des Deux-Ponts.
Mont-Tonnerre......	Mayence.........	Élect. de Mayence et Palatinat.
Rhin-et-Moselle.....	Coblentz.........	Archevêché de Cologne et duché de Simmern.

La France avait alors 105 départements, en y comprenant le deux départements de la Corse.

La réunion à l'empire d'une partie du royaume de Sardaigne, du royaume d'Étrurie et des États pontificaux ajouta quinze nouveaux départements : Doire (Ivrée), Sesia (Verceil), Pô (Turin), Stura (Coni), Marengo (Alexandrie), Simplon (Sion), Apennins (Chiavari), Gênes (Gênes), Montenotte (Savone), Taro (Parme), Arno (Florence), Ombrone (Sienne), Méditerranée (Livourne), Trasimène (Spolète), Rome (Rome).

Dans la suite, l'incorporation de la Hollande à l'empire français (1810), puis du royaume de Westphalie, du duché d'Oldenbourg et des villes hanséatiques, en 1811, ajouta onze départements : Bouches-de-la-Meuse (La Haye), Zuyderzée (Amsterdam), Yssel-Supérieur (Arnheim), Bouches-de-l'Yssel (Zwoll), Frise (Leuwarden), Ems-Occidental (Groningue), Ems-Oriental (Aurich), Ems-Supérieur (Osnabrück), Lippe (Munster), Bouches-du-Weser (Brême), Bouches-de-l'Elbe (Hambourg).

Les provinces illyriennes, incorporées à l'empire français depuis 1809, étaient soumises à un gouverneur général. Il y avait cinq provinces civiles et une militaire. Les provinces civiles étaient la Carinthie, la Carniole, la Dalmatie, la Croatie civile et Raguse. La province militaire était la Croatie militaire. Le royaume d'Italie avait pour capitale Milan et était gouverné par un vice-roi, le prince Eugène Beauharnais. Il se divisait en vingt-quatre départements, dont voici les noms : Agogna (Novare), Lario (Côme), Adda (Sondrio), Haut-Adige (Trente), Olona (Milan), Haut-Pô (Crémone), Serio (Bergame), Mella (Brescia), Adige (Vérone), Bacchiglione (Vicence), Brenta (Padoue), Adriatique (Venise), Tagliamento (Trévise), Piave (Bellune), Passariano (Udine), Mincio (Mantoue), Crostollo (Reggio), Panazo (Modène), Bas-Pô (Ferrare), Reno (Bologne), Rubicon (Césène), Metauro (Ancône), Musone (Macerata), Tronto (Fermo).

Des divers États de l'Europe, il n'y avait que l'Angleterre et la Russie qui fussent en état de lutter contre l'empire français. La première avait soutenu une guerre acharnée contre Napoléon ; elle n'avait déposé les armes qu'un instant après la paix d'Amiens. La seconde, trois fois vaincue, semblait, depuis la paix de Tilsitt, disposée à marcher d'accord avec la France. L'Autriche était encore redoutable. Napoléon crut la gagner en épousant l'archiduchesse Marie-Louise (1er avril 1810). La naissance d'un fils (20 mars 1811), qui reçut le titre de *roi de Rome*, sembla encore consolider sa puissance. Cependant l'Espagne résistait toujours et se défendait avec la double énergie du patriotisme et de l'enthousiasme religieux. Il fallait enlever les villes l'une après l'autre. Les maréchaux Suchet, Soult, Mortier, Ney et le général Sébastiani poussèrent vivement cette guerre pendant les années 1810 et 1811 et s'emparèrent de plusieurs provinces. La junte, chassée de Séville, s'enferma dans Cadix, qui fut assiégée ; mais le Portugal resta au pouvoir des Anglais, malgré les efforts de Masséna. Enfin la Russie, qui voyait avec inquiétude les progrès immenses de l'empire français, se rapprocha de l'Angleterre. Dès ce moment l'invasion de la Russie fut résolue par Napoléon et exécutée en 1812.

N° 26.

Campagne de Russie.—Campagne d'Allemagne.—Campagne de France.—Abdication de l'empereur.—Retour de l'île d'Elbe.—Les cent jours.—Waterloo.—Sainte-Hélène.

Campagne de Russie.—Le blocus continental, par lequel Napoléon voulait fermer tous les ports de l'Europe aux vaisseaux anglais, le forçait d'étendre son influence et presque sa suzeraineté sur les divers États de ce continent. La Russie ne voulut pas se soumettre aux exigences de l'empereur des Français, et un ukase (ordonnance du tzar), en date du 31 décembre 1810, permit l'entrée des denrées coloniales dans tous les ports russes. Dès lors la guerre devenait inévitable, et l'Angleterre fomenta habilement les divisions des deux puissances. La Suède, dont Napoléon se croyait sûr, se détacha de l'alliance française; elle était soumise à l'influence d'un général français, Bernadotte, qui avait été déclaré héritier présomptif de la couronne. Il sacrifia sa patrie à l'espérance de réunir la Norwége à la Suède, et signa avec l'empereur Alexandre le traité du 24 mars 1812. Privé de cette alliance, Napoléon disposait encore d'immenses ressources : l'Allemagne, la Hollande, l'Italie recrutaient ses armées ; mais il fallait toujours entretenir des troupes en Espagne, et le Portugal était occupé par les Anglais. La Turquie, qui avait entrepris une diversion contre la Russie, ne tarda pas à déposer les armes.

Napoléon quitta Paris le 9 mai 1812, et se rendit à Dresde où il fut entouré d'une cour de rois : outre l'empereur d'Autriche, les rois de Prusse, de Saxe, de Bavière, de Wurtemberg, de Westphalie, de Naples et d'Espagne, et le vice-roi d'Italie se pressaient autour de lui. Une armée, forte de six cent mille hommes, recrutée dans toutes les parties de l'empire français, et grossie des contingents étrangers, se prépara à envahir la Russie. L'empereur se rendit de Dresde à Posen, puis à Thorn et à Kœnigsberg, et de là se dirigea

vers le Niémen, qui sépare la Prusse de la Russie. Il le franchit (juin
1812), et marcha sur Wilna, où se trouvait l'empereur Alexandre.
Napoléon espérait l'attirer à une bataille décisive et s'ouvrir par
une victoire l'empire de Russie; mais Alexandre se retira, à l'approche des Français, dans un vaste camp retranché qui couvrait la
route de Saint-Pétersbourg. Barclay de Toily, qui était alors ministre de la guerre de Russie, fit adopter au tzar un plan qui déjoua la
tactique ordinaire de Napoléon. Il consistait à éviter les batailles et
à dévaster le pays à travers lequel devaient s'avancer les Français ;
ils ne trouvaient ainsi devant eux qu'un désert où ils périssaient
par la faim sans pouvoir atteindre un ennemi qui reculait toujours.

Napoléon, après s'être arrêté dix-sept jours à Wilna (19 juillet),
passa la Dwina, pendant que Macdonald occupait la Courlande. Le
20 juillet, les Français s'emparèrent de Witepsk, et marchèrent sur
Smolensk, une des villes saintes des Russes. Ceux-ci la défendirent avec acharnement ; mais ils succombèrent à la journée
de Smolensk (17 août), et battirent en retraite après avoir incendié
cette ville. Le lendemain, l'armée française, en entrant dans Smolensk, n'y trouva que des ruines fumantes. On put voir dès lors
quelles seraient les conséquences de cette guerre dans un pays
changé en désert, au milieu de villages incendiés, de populations
hostiles ou fugitives, d'armées en retraite mais toujours menaçan-
tes. Cependant il restait encore un légitime espoir : atteindre Moscou par une marche rapide et victorieuse, prendre ses quartiers
d'hiver au cœur même de la Russie et attendre le retour du printemps pour achever la conquête de ce pays , tel était le plan de
Napoléon ; il l'exécuta avec sa vigueur ordinaire. Le 29 août, il
entra à Wiasma ; mais il trouva cette ville également déserte et
incendiée.

Cependant le système de temporisation adopté par Barclay de Tol-
lay avait des ennemis, même parmi les Russes. On reprochait à ce
général la dévastation des campagnes, l'abandon et l'incendie des
villes. Kutusow, qui le remplaça, venait de triompher des Turcs et
annonçait l'intention de livrer aux Français une bataille pour défendre la ville sainte de Moscou. Il vint prendre position à Borodino
près de la Moscowa pour couvrir la ville de Moscou, et occupa les
hauteurs qui en bordent la rive droite. La bataille de la Moscowa
fut livrée le 5 septembre. Napoléon, apercevant le soleil qui se
levait radieux derrière l'armée russe, s'écria : « C'est le soleil d'Austerlitz. » Il avait reçu, ce jour-là même de Paris le portrait du roi

de Rome par Gérard ; il le fit placer à la porte de sa tente, afin que toute sa garde pût le voir. La bataille fut acharnée : huit cents pièces de canon, de chaque côté, vomissaient la mort. Les Russes opposaient à l'impétuosité française cette valeur froide et opiniâtre qui disputait le terrain pied à pied. Il fallut que les généraux français redoublassent d'ardeur et d'impétuosité pour enlever les positions de l'ennemi ; quarante-trois furent tués ou blessés. Ney mérita par son intrépidité le titre de *prince de la Moscowa*.

Les Russes se retirèrent en bon ordre vers Moscou, poursuivis par Napoléon, qui s'attendait à une nouvelle bataille sous les murs même de la ville ; mais Kutusow ne fit que traverser Moscou. Le 14 septembre, Napoléon arriva en présence de cette ville, dont on voyait étinceler au soleil les coupoles dorées et les longs minarets. Huit cents églises, aux formes orientales, donnaient à Moscou un aspect tout asiatique. La masse sombre du Kremlin, ancien palais des tzars, la dominait de ses murailles noircies. La ville était silencieuse lorsque les Français s'en approchèrent ; aucun soldat ne paraissait sur les murs. La cavalerie, qui formait l'avant-garde sous les ordres de Murat, pénétra dans Moscou ; partout un silence de mort ; les habitants avaient fui : le gouverneur Rostopchin n'avait laissé dans cette ville abandonnée que des bandits. Murat les chassa du Kremlin, où ils tentèrent de se défendre, et Napoléon s'établit dans l'ancien palais des tzars.

On avait espéré trouver des vivres à Moscou, mais les magasins étaient dégarnis, les marchés silencieux ; du vin dans les caves, point de pain. Pendant la nuit, le feu prit au grand bazar ; on parvint à s'en rendre maître : mais la nuit suivante l'incendie éclata sur plusieurs points. On reconnut bientôt que des grenades avaient été préparées dans un grand nombre de maisons, et que les émissaires de Rostopchin propageaient l'incendie ; les conduits d'eau étaient coupés et toutes les ressources manquaient pour arrêter l'incendie. L'empereur voyait, des fenêtres du Kremlin, la ville en flammes ; bientôt même l'incendie gagna ce palais, et Napoléon fut obligé d'aller camper à quelque distance de Moscou : cet effroyable incendie dura jusqu'au 19 septembre.

Retraite de Moscou. — Napoléon resta près d'un mois à Moscou, négociant avec l'empereur Alexandre, et comptant recevoir d'Europe des secours et des vivres qui permettraient d'attendre le printemps dans cette ville ; mais les Russes, dont les forces s'augmentaient et se concentraient aux environs de Moscou, comptaient sur un allié redou-

table, l'hiver, qui arriva prématurément. Il fallut alors songer à la
retraite ; et, comme on ne pouvait traverser des contrées qui avaient
été dévastées par le passage de l'armée française, l'empereur tourna
vers le sud, dans la direction de Kalougha. Napoléon quitta Moscou
le 19 octobre, et le maréchal Mortier, qu'il avait laissé dans cette
ville, l'abandonna le 23, après avoir fait sauter le Kremlin. Arrêté
dans sa marche par Kutusow, Napoléon lui livra une bataille acharnée à Malo-Jaroïawetz ; le carnage fut affreux des deux côtés et les
Français, forcés d'abandonner la route qu'ils avaient suivie, se portè-
rent vers Smolensk. Ce fut alors que le froid commença à sévir avec
une rigueur qui fit de nombreuses victimes : dès le 14 novembre, le
thermomètre Réaumur était descendu à 21 degrés [1] ; la route était
couverte de débris humains qui perçaient sous la neige. Au milieu
de ces plaines immenses, sous une neige qui tombait en tourbillons
épais, qui effaçait les routes et s'amoncelait dans des ravins pro-
fonds, l'armée, harcelée par les Cosaques de Platow, avait à lutter
tout à la fois contre la nature et contre l'ennemi : les chevaux et les
vivres manquaient ; on ne pouvait recueillir les blessés qui jonchaient
les routes et restaient abandonnés aux lances des Cosaques ou aux
atteintes d'un climat meurtrier. Malgré les efforts héroïques des
généraux, l'armée commença à se démoraliser ; beaucoup de soldats
abandonnèrent le drapeau, jetèrent leurs armes et suivirent l'armée
en traînards jusqu'à ce qu'ils tombassent épuisés de fatigue et de
misère.

Ce fut dans ce triste état que les débris de la grande armée arri-
vèrent à Smolensk (9 novembre). On espérait y trouver des vivres ;
mais, malgré les ordres sévères de Napoléon, les magasins furent
envahis par une soldatesque qui n'obéissait plus à la voix de ses
chefs, et livrés au pillage. Bientôt on s'aperçut que les ressources,
dont on avait flatté les soldats, étaient loin d'être suffisantes. On
n'avait trouvé dans cette ville ruinée par l'incendie ni vêtements, ni
toits, ni renforts, ni munitions, et on reconnut bien vite qu'il faudrait repartir le lendemain peut-être et recommencer ces courses
interminables, sans abri le soir pour dormir, sans pain pour se
nourrir, en livrant des combats incessants avec des forces épuisées,
presque sans armes, et avec la cruelle certitude, si on recevait une

---

[1] M. Thiers cite le témoignage du chirurgien Larrey, qui portait un thermomètre suspendu à sa boutonnière. (*Histoire du Consulat et de l'Empire*, t. XIV,
p. 556.)

blessure, d'être la proie des loups et des vautours. Cette perspective jeta l'armée dans un véritable désespoir; et cependant elle ne savait pas tout [1]. Les armées russes, que commandaient dans les provinces méridionales l'amiral Tichtchakoff et Wittgenstein, s'avançaient pour fermer la retraite à l'armée française, que Kutusow pressait en queue. Napoléon et ses troupes, décimées par les combats, le froid et la faim, allaient se trouver enveloppés par trois armées et en danger de tomber entre les mains de l'ennemi ou de périr dans une lutte inégale.

Ce fut à la Bérésina que le péril se montra dans toute son imminence : il fallait traverser cette rivière en face des deux armées de Tichtchakoff et de Wittgenstein et harcelé par Kutusow. Les Russes avaient détruit le pont de la Bérésina. Napoléon détourna par d'habiles manœuvres l'attention de Tichtchakoff, fit jeter à la hâte deux ponts sur la rivière et la passa avec une partie de son armée. L'empereur et l'armée française durent leur salut, dans ces terribles journées, au dévouement du général Éblé et de ses pontonniers, qui, plongés dans l'eau glacée, construisirent les deux ponts, l'un pour les fantassins et les cavaliers, l'autre pour l'artillerie et les bagages. L'empereur battit l'amiral Tichtchakoff sur la rive droite de la Bérésina, pendant que sur la rive gauche le maréchal Victor, duc de Bellune, tenait tête à Wittgenstein avec une armée bien inférieure. Grâce à ces combats héroïques, une partie de l'armée put traverser les ponts. Mais les traînards et la multitude confuse se précipitèrent avec un désordre qui causa d'affreux malheurs. Ignorant qu'un des ponts était réservé aux piétons et aux cavaliers, l'autre aux voitures, ils s'entassaient avec une impatience délirante vers la double issue [2]. Les pontonniers, placés à la tête de celui de droite, étaient obligés de repousser les voitures et de leur indiquer le pont à gauche situé à cent toises plus bas. Si ce n'eût été qu'une affaire de consigne, on aurait pu se relâcher, mais c'était une nécessité absolue, puisque le pont de droite était incapable de porter des voitures. Les malheureux, obligés de rebrousser chemin, ne pouvaient rompre qu'avec la plus grande peine la colonne qui les pressait, et leur effort pour revenir sur leurs pas, opposé à l'effort de ceux qui étaient impatients d'arriver, produisait une lutte épouvan-

---

[1] THIERS, *Histoire du Consulat et de l'Empire*, t. XIV, p. 549.

[2] THIERS, *Ibidem*, t. XIV, p. 628-629. Nous empruntons à cet historien tout le récit de ce désastre.

table. Ceux qui réussissaient à s'arracher à ce conflit de deux courants contraires, se rejetant de côté, y trouvaient une autre masse, tout aussi serrée, celle qui se dirigeait sur le pont des voitures. L'empressement de parvenir aux ponts était tel, qu'on avait bientôt fini par s'immobiliser les uns les autres. Les boulets de l'ennemi, tombant au milieu de cette masse compacte, y traçaient d'affreux sillons, et arrachaient des cris de terreur aux pauvres femmes, cantinières ou fugitives, qui étaient sur les voitures avec leurs enfants. On se serrait, on se foulait, on montait sur ceux qui étaient trop faibles pour se soutenir, et on les écrasait sous ses pieds. La presse était si grande que les hommes à cheval étaient, eux et leurs montures, en danger d'être étouffés. De temps en temps, des chevaux, devenus furieux, s'élançaient, ruaient, écartaient la foule, et un moment se faisaient un peu de place en renversant quantité de malheureux [1]. Beaucoup se jetaient dans l'eau, d'autres y étaient poussés par la foule, essayaient de traverser à la nage et se noyaient. D'autres, ayant cherché à passer sur la glace, la rompaient par leur poids, flottaient dessus quelque temps, et étaient emportés au loin par le courant.

Ce désastre de la Bérésina, arrivé le 28 novembre, se renouvela le lendemain. Les troupes restées sur la rive gauche pour défendre les ponts les franchirent pendant la nuit au milieu des cadavres accumulés. Il leur fallut cheminer en passant sur ces corps, et au milieu de la chair et du sang. Les traînards, qui avaient trouvé du bois et de la paille, s'obstinèrent pour la plupart à rester dans leurs bivouacs. Couchés autour de grands feux, dévorant quelques lambeaux de cheval, ils craignaient les uns la trop grande affluence surtout pendant la nuit, les autres la perte d'un bivouac assuré pour un bivouac incertain. Or avec le froid qu'il faisait, une nuit sans repos et sans feu c'était la mort. Le général Éblé fit incendier plusieurs bivouacs pour réveiller ces obstinés engourdis par le froid et la fatigue, mais ce fut sans succès. Il fallut donc voir s'écouler tout une nuit sans que l'existence des ponts, qui allait être si courte, fût utile à tant d'infortunés. Le lendemain 29, à la pointe du jour, le général Éblé avait reçu ordre de détruire les ponts dès sept heures du matin. Mais ce noble cœur, aussi humain qu'intrépide, ne pouvait s'y décider. Il avait fait disposer d'avance sous le tablier les matières

---

[1] M. Thiers ajoute en note : « Je parle ici d'après des relations manuscrites qui sont en mes mains et qui sont dignes de toute confiance. »

incendiaires, pour qu'à la première apparition de l'ennemi on pût mettre le feu, et qu'en attendant les retardaires eussent le temps de passer. Ayant encore été debout cette nuit qui était la sixième, tandis que ses pontonniers avait dans chaque journée pris un peu de repos, il était là, s'efforçant d'accélérer le passage, et envoyant dire à ceux qui étaient en retard qu'il fallait se hâter. Mais le jour venu, il n'y avait plus à les stimuler, et, convaincus trop tard, ils n'étaient que trop pressés.

Mais déjà l'ennemi se montrait sur les hauteurs vis-à-vis. Le général Éblé, qui, d'après les ordres du quartier général, aurait dû avoir détruit les ponts à sept heures au plus tard, différa jusqu'à huit. A huit heures, des ordres réitérés, la vue de l'ennemi qui approchait, tout lui faisait un devoir de ne plus perdre un instant. Cependant, comme l'artillerie du maréchal Victor était là pour contenir les Russes, il était venu se placer lui-même à la culée des ponts, et retenait la main de ses pontonniers, voulant sauver encore quelques victimes, si c'était possible. En ce moment, son âme si bonne, quoique rude, souffrait cruellement. Enfin, ayant attendu jusqu'à près de neuf heures, l'ennemi arrivant à pas accélérés, et les ponts ne pouvant plus servir qu'aux Russes si on différait davantage, il se décida, le cœur navré et en détournant les yeux de cette scène affreuse, à faire mettre le feu. Sur-le-champ des torrents de fumée et de flammes enveloppèrent les deux ponts, et les malheureux qui étaient dessus se précipitèrent pour n'être pas entraînés dans leur chute. Du sein de la foule qui n'avait point encore passé, un cri de désespoir s'éleva tout à coup : des pleurs, des gestes convulsifs, s'apercevaient sur l'autre rive. Des blessés, de pauvres femmes, tendaient les bras vers leurs compatriotes, forcés malgré eux de les abandonner. Les uns se jetaient dans l'eau, d'autres se précipitaient sur le pont en flammes ; chacun enfin tentait un effort suprême pour échapper à une captivité qui équivalait à la mort. Mais les Cosaques accourant au galop, et enfonçant leurs lances au milieu de cette foule, tuèrent d'abord quelques-uns de ces infortunés, recueillirent les autres, les poussèrent comme un troupeau vers l'armée russe, pais fondirent sur le butin. On ne sait si ce furent six, sept ou huit mille individus, hommes, femmes, enfants, militaires ou fugitifs, cantiniers ou soldats de l'armée qui restèrent ainsi dans les mains des Russes [1].

L'armée s'éloigna profondément affectée de ce spectacle, et prit

[1] THIERS, *Histoire du Consulat et de l'Empire*, t. XIV, p. 634-637.

la route de Wilna. L'empereur arrivé à Smorgoni, à quelque distance
de cette ville, monta dans un traîneau avec Caulaincourt, son grand
écuyer, et se dirigea en toute hâte vers Paris, laissant le commandement des troupes au roi de Naples, Murat. Parmi les motifs qui
déterminèrent Napoléon à prendre cette résolution, il faut placer au
premier rang l'inquiétude que lui inspirait la situation de la France.
Le général Malet avait failli réussir dans un coup de main hardi
tenté contre le gouvernement. Le ministre de la police et le préfet
de la police avaient été arrêtés, et le général Hullin, qui commandait Paris, blessé d'un coup de pistolet. Mais enfin cette audacieuse
entreprise fut arrêtée, et Malet condamné et fusillé. On pouvait
craindre de nouvelles révoltes, et la présence de Napoléon à Paris
paraissait nécessaire pour les prévenir. Parti de Smorgoni le
5 décembre, il arriva à Paris le 18 dans la nuit. Pendant ce temps,
les débris de la grande armée étaient parvenus à Wilna, où ils
devaient se défendre et protéger la ligne du Niémen. Mais on vit se
renouveler à Wilna les désordres de Smolensk ; les magasins furent
pillés par des troupes affamées, et bientôt l'arrivée des Russes força
les Français d'évacuer la ville. Il fallut se replier sur la Vistule, et le
prince Eugène Beauharnais, vice-roi d'Italie, ramena à Berlin, le
21 février 1813, quelques milliers d'hommes qui avaient seuls sur-
vécu à cette désastreuse expédition.

Campagne d'Allemagne (1813).—Le désastre de la Russie fut le
signal d'une nouvelle et formidable insurrection de tous les peuples
opprimés. Il y avait longtemps qu'on excitait en Allemagne le ressentiment national contre Napoléon, et que les universités étaient
devenues un foyer de sociétés secrètes où le patriotisme était exalté
par les souvenirs de la vieille gloire germanique. Les souverains profitèrent de cet état des esprits pour déclarer la guerre à la France.
La Prusse prit les armes le 16 mai 1813, et plaça à la tête de ses
troupes un de ses plus habiles et de ses plus impitoyables généraux,
Blücher. L'Autriche n'attendait que le moment favorable pour entrer
dans la coalition. La Saxe seule se montrait d'une fidélité à toute
épreuve ; ce fut sur elle que fondirent les armées coalisées. La ville
de Dresde fut prise, et le roi de Saxe obligé de se réfugier à Prague.
A cette nouvelle, Napoléon quitta Paris le 15 avril et commença la
campagne d'Allemagne. Pour remplacer les armées détruites dans la
guerre de Russie, il avait fallu faire de nouvelles levées de trois cent
mille hommes qu'on avait dirigées vers le Rhin. Ce fut à la tête de
ces recrues que Napoléon porta la guerre au cœur même de l'Alle-

magne dans les pays occupés par les alliés. Le 1er mai, il remporta sur les princes coalisés la victoire de Lützen, quoiqu'il n'eût presque pas de cavalerie et que son infanterie se composât de nouvelles recrues.

Le manque de cavalerie l'empêcha de tirer de sa victoire tout le parti possible. Cependant il reprit Dresde, pendant que l'empereur de Russie, Alexandre, et le roi de Prusse, Frédéric-Guillaume, se retiraient en Bohème, à Tœplitz. Napoléon voulait terminer la campagne par une victoire décisive ; il attaqua les armées coalisées à Bautzen, au nord-est de Dresde, le 20 mai 1813. Après une lutte acharnée, l'empereur s'empara des hauteurs qu'occupaient les Prussiens et les Russes. Le lendemain, il fallut recommencer la bataille, qui ne fut pas moins acharnée que la veille. Cet effroyable massacre eut peu de résultats. Cependant Napoléon était resté maître de la Saxe, et des conférences pour la paix s'ouvrirent à Prague. Mais on ne put s'y entendre : l'Autriche, qui s'était portée médiatrice, réclamait les provinces Illyriennes, et Napoléon voulait conserver Trieste ; la Prusse demandait la restitution intégrale de ses États, tandis que l'empereur prétendait rester maître de Dantzick. Les revers des Français en Espagne augmentèrent encore les exigences des ennemis : on apprit que Joseph avait été chassé de Madrid et avait perdu la bataille de Vittoria, et que Wellington s'approchait des Pyrénées. Napoléon rejeta avec d'autant plus d'indignation les conditions que l'ennemi voulait lui imposer que le danger paraissait plus imminent. Le 15 août, les conférences furent rompues ; aussitôt l'Autriche se joignit aux puissances coalisées et déclara la guerre à la France. Déjà Bernadotte, devenu prince royal de Suède, s'était uni aux Prussiens et aux Russes. Moreau, un des héros des armées républicaines, accourait des États-Unis pour combattre contre la France. La Bavière était chancelante et n'attendait qu'un revers pour se déclarer. Napoléon tint tête d'abord à tous ses ennemis. Ils avaient voulu envelopper Dresde et fermer la retraite aux Français. Napoléon les battit sous les murs de cette ville (28 août). Moreau périt à cette bataille de Dresde.

Les ennemis, malgré leurs défaites, se fortifiaient sans cesse par les renforts qui leur arrivaient de toutes parts. D'innombrables multitudes de Tartares, Baskirs, Kalmoucks, accouraient, à la voix d'Alexandre, des plateaux de l'Oural et de l'Altaï, pour renouveler contre l'Europe les invasions de leurs ancêtres les Alains et les Huns. Les contingents de l'Autriche s'avançaient vers le sud, et

Napoléon, toujours vainqueur lorsqu'il commandait en personne, apprenait les défaites de ses lieutenants : Vandamme en Bohême, à Kulm ; Oudinot, dans le Brandebourg, à Gross-Beeren ; Macdonald, en Silésie, sur la Katzbach ; enfin Ney, à Dennewitz, près de Potsdam. Prussiens, Russes, Autrichiens, commandés par Blücher, Bülow, Bernadotte, Schwartzenberg, s'avançaient pour envelopper la Saxe, où Napoléon persistait à se maintenir. Il se détermina enfin, en apprenant la défection du roi de Bavière, à battre en retraite, et il se replia sur Leipzig. Arrivé dans cette ville, il se vit enveloppé par trois armées au nord, au sud et à l'est ; la route de l'ouest, qui seule restait libre, était coupée par les rivières de la Pleiss et de l'Elster, qu'il fallait franchir sur des ponts étroits.

Napoléon se décida à livrer bataille aux ennemis (16 octobre) ; après une lutte acharnée, la victoire resta indécise. Napoléon tenta vainement d'entamer de nouvelles négociations. Il fallut recommencer, le 18, la lutte à main armée, et après un carnage affreux, le succès demeurait toujours incertain. Les Français avaient presque épuisé leurs provisions. Pour comble de malheur, les Saxons passèrent à l'ennemi. La retraite devint alors nécessaire. Avant de partir, Napoléon dégagea le vieux roi de Saxe de ses serments et le laissa libre de traiter avec les princes coalisés. Napoléon quitta ensuite Leipzig ; mais sa retraite, en présence de trois armées ennemies, fut signalée par d'affreux malheurs. On avait chargé un sous-officier de faire sauter l'unique pont de Leipzig, quand toute l'armée française l'aurait franchi ; mais il exécuta cet ordre avec une déplorable précipitation, et livra ainsi aux ennemis toute l'arrière-garde, qui se composait de plus de vingt-cinq mille hommes et une immense quantité de bagages. Les batailles de Leipzig avaient coûté plus de cinquante mille hommes aux Français. Parmi les pertes les plus regrettables, il faut compter celle du général Poniatowski, qui, trouvant les ponts rompus, se précipita dans l'eau avec son cheval ; il réussit à franchir la Pleiss, mais il se noya dans l'Elster. L'armée en retraite s'arrêta deux jours à Erfurt, puis se replia sur Francfort. Là il fallut encore combattre pour s'ouvrir un passage. Les Autrichiens et les Bavarois tentèrent d'arrêter les Français ; mais ils furent vaincus à Hanau (31 octobre). Napoléon arriva à Mayence le 2 novembre et le 9 à Paris. Il laissait derrière lui cent vingt mille hommes échelonnés dans des garnisons qui s'étendaient du Rhin à la Vistule. La garnison de Dresde, forte de trente mille hommes, sous les ordres du maréchal Gouvion-Saint-Cyr, avait stipulé qu'on la laisserait rentrer en France; mais les ennemis violèrent odieusement la capitulation et envoyèrent ces trente mille hommes prisonniers en Russie.

Campagne de France (1814).—L'année 1814 s'ouvrit sous les plus tristes auspices. Les armées coalisées avaient franchi le Rhin et occupaient l'Alsace et la Lorraine. Wellington, après avoir chassé les Français d'Espagne, menaçait Bayonne; les Autrichiens avaient envahi l'Italie septentrionale et repoussé les Français jusqu'à l'Adige. Le roi de Naples, Murat, méditait une défection; la Hollande était en pleine révolte; le Hanovre, la Westphalie s'étaient affranchis, et de toutes parts, au sud, à l'est, au nord, le cercle des ennemis se resserrait. Il fallait songer, non plus à ces conquêtes lointaines qui pendant tant d'années avaient étonné l'Europe, mais à la défense du territoire national. L'empereur cherchait à réveiller le patriotisme, qui, en 1792, avait armé la nation et repoussé avec un glorieux enthousiasme les ennemis qui envahissaient la France; il voulait renouveler ces levées en masse qui avaient opposé une résistance victorieuse aux coalisés de cette époque. Mais les temps étaient bien changés, et la lassitude de ces longues guerres avait glacé l'enthousiasme. Le sénat décréta une levée de trois cent mille hommes; elle ne s'effectua qu'avec peine. Le corps législatif, jusqu'alors silencieux, commença à manifester son opposition au moment où la France aurait eu besoin de toutes ses forces pour résister à l'ennemi. Dans une adresse à l'empereur, il le pressa de conclure la paix à des conditions raisonnables, et de garantir les libertés nationales qu'il avait foulées aux pieds. Cette opposition ne servit qu'à irriter Napoléon, qui suspendit les séances du corps législatif et déclara qu'il était le seul représentant de la nation. En même temps il fit quelques concessions à l'opinion publique: Pie VII, qui avait été transféré de Savonne à Fontainebleau, fut reconduit à Rome (janvier 1814). Ferdinand VII recouvra aussi sa liberté et fut reconnu pour roi d'Espagne.

Cependant le danger approchait: les ennemis entraient en Champagne et s'avançaient vers Paris. En ce moment, Napoléon retrouva toute l'énergie, l'impétuosité, les vives illuminations de sa jeunesse. La campagne de 1814 fut une des plus admirables de sa glorieuse carrière. On le vit, comme dans les premières guerres d'Italie, braver les dangers du soldat, l'animer par son exemple et ses paroles, pointer lui-même les canons, partager le pain et la paille des bivouacs, charger avec la cavalerie, affronter la neige, la pluie, la boue, compensant par une prodigieuse activité l'infériorité numérique de ses troupes. Les armées prussienne et autrichienne, conduites par Blücher et Schwartzenberg, marchaient sur Paris en suivant les vallées de la Marne et de la Seine. Napoléon se place entre eux deux, tombe d'abord sur les Prussiens, les bat à Brienne (29 janvier), à Champ-Aubert (10 février), et à Montmirail (11 février), met l'armée de Blücher et un corps russe en pleine déroute. Enfin la victoire de Vauchamp (14 février) achève la destruction de l'armée de Silésie, En quelques jours Napoléon avait fait essuyer aux Prussiens et aux Russes une perte de plus de vingt-cinq mille hommes tués, blessés ou prisonniers.

Mais ses lieutenants, chargés d'arrêter les Autrichiens, n'avaient pas pu suspendre leur marche ; Moret et Provins étaient pris, Melun menacé. Napoléon, après avoir dispersé l'armée de Blücher, se porte vers la vallée de la Seine, bat les Austro-Russes près de Nangis (17 février), et le lendemain fait essuyer un échec encore plus sanglant à l'armée coalisée au combat de Montereau. Le prince de Schwartzenberg, généralissime des troupes austro-russes, battit alors en retraite et se replia sur Troyes, d'où Napoléon ne tardea pas à le chasser (24 février).

L'empereur négociait tout en combattant. Des conférences avaient été ouvertes à Francfort, puis à Châtillon-sur-Seine. A Francfort, les coalisés offraient à Napoléon les limites naturelles de la France, le Rhin, les Alpes, les Pyrénées. Au congrès de Châtillon ils voulurent réduire la France à ses anciennes limites. Napoléon rejeta ces conditions avec indignation, et le congrès de Châtillon fut rompu. Cependant le cercle des armées ennemies se resserrait : le général prussien Bulow s'empara de Fère (27 février); le même jour, Wellington forçait le maréchal Soult à abandonner la position d'Orthez. Les Anglais ne tardèrent pas à arriver à Bordeaux, qui arbora le drapeau blanc et leur ouvrit ses portes (12 mars), pendant que la prise de Soissons par Bulow permettait aux deux armées prussiennes de se réunir pour menacer Paris.

Ces revers multipliés n'abattirent point le courage de l'empereur. Il porta de nouveau son camp de la Seine sur la Marne, attaqua les Prussiens et les Russes à Craonne (7 mars), et après une bataille sanglante et indécise, il tenta, mais en vain, de reprendre Laon. Blücher, à la tête de quatre-vingt mille Prussiens, marcha sur Paris. Napoléon réussit, à la vérité, à enlever Reims aux Russes (14 mars); mais ses lieutenants, vaincus par les Autrichiens, laissaient libre la vallée de la Seine, par laquelle Schwartzenberg s'avançait vers Paris. Vainement l'empereur, que suivait toujours la victoire, se porta de Reims à Arcis-sur-Aube pour arrêter les Autrichiens. Il ne lui restait que trente mille hommes contre cent mille; il fit des prodiges de valeur, mais la victoire était impossible.

Ce fut alors qu'il adopta une résolution extrême : laissant aux maréchaux Mortier et Marmont le soin de couvrir Paris, il se dirigea avec son armée vers Saint-Dizier, espérant attirer sur lui, par cette manœuvre hardie, une partie des troupes ennemies et éloigner le danger de Paris. Mais les souverains coalisés ne se laissèrent pas tromper par cette tactique. Instruits de l'état de Paris, où ils avaient de nombreuses intelligences, ils hâtèrent leur marche vers cette ville, et le 30 mars ils parurent aux portes de la capitale de la France. L'impératrice Marie-Louise, que Napoléon avait chargée de la régence, se retira à Blois avec le roi de Rome, et fut bientôt rejointe par Joseph. Les maréchaux Mortier et Marmont, les élèves de l'École polytechnique, une partie de la garde nationale et des volontaires défendirent les hauteurs de Chaumont et de Montmartre et les villages environnants. Mais enfin il fallut céder au nombre, et Marmont signa avec les souverains coalisés une capitulation par laquelle il leur livrait Paris, et s'engageait à se retirer avec son armée au sud de la Loire. Au moment même où les Prussiens, les Russes et les Autrichiens entraient dans la capitale, Napoléon, instruit du danger, se rapprochait en toute hâte de cette ville. Il arriva jusqu'à Juvisy, à quelques lieues de Paris; mais déjà les ennemis en étaient maîtres.

Abdication de l'empereur.—Napoléon retourna aussitôt à Fontainebleau, et le 4 avril abdiqua en faveur de son fils. Mais ni le sénat ni les souverains coalisés n'acceptèrent cette abdication. Le sénat déclara que l'empire était terminé et nomma un gouvernement provisoire, composé de personnages qui avaient joué un grand rôle sous l'Empire, mais qui depuis longtemps méditaient une défection. On y remarquait, entre autres, M. de Talleyrand, que l'empereur avait fait prince de Bénévent. Le 11 avril, Napoléon signa, à Fontainebleau, la déclaration suivante : « Les puissances alliées ayant proclamé que l'empereur Napoléon était le seul obstacle au rétablissement de la paix en Europe, l'empereur Napoléon, fidèle à son serment, déclare qu'il renonce, pour lui et ses héritiers, aux couronnes de France et d'Italie, et qu'il n'est aucun sacrifice personnel, même celui de la vie, qu'il ne soit prêt à faire à l'intérêt de la

France. » Les souverains alliés accordèrent à Napoléon la souveraineté de l'île d'Elbe avec un revenu de deux millions. Avant de quitter Fontainebleau, Napoléon réunit sa vieille garde dans une des cours du château dite cour du *Cheval-Blanc*, et lui fit de touchants adieux (20 avril 1814). Puis il alla prendre possession de l'île d'Elbe. Quelques jours avant son départ, le maréchal Soult, à la tête de trente mille soldats, avait tenu tête aux quatre-vingt mille hommes de Wellington. La bataille de Toulouse (10 avril) couronna glorieusement les campagnes de l'Empire.

Pendant que Napoléon s'acheminait vers l'île d'Elbe, Louis-Stanislas-Xavier, frère de Louis XVI, montait sur le trône sous le nom de Louis XVIII. Il inaugura son règne par une charte, datée de Saint-Ouen (château près de Saint-Denis). Elle consacrait une partie des conquêtes de la liberté : la nation devait prendre part au gouvernement par ses représentants qui voteraient l'impôt; la liberté individuelle, la liberté de la presse et la liberté des cultes étaient garanties ; tous les citoyens étaient égaux devant la loi et admissibles à toutes les fonctions publiques. La royauté nouvelle, entre les exigences de ses anciens partisans et l'irritation des vaincus, était dans une situation difficile : elle revenait au milieu des armées étrangères, forcée de sacrifier les conquêtes de la Révolution et d'accepter les limites de l'ancienne France. Les nobles, dépouillés par les proscriptions révolutionnaires, demandaient à rentrer dans leurs biens, inquiétaient et irritaient par d'imprudentes prétentions la population des campagnes. On reprochait à beaucoup de ces émigrés, revenus au milieu de la France nouvelle, de n'avoir *rien appris* ni *rien oublié*. Les partis hostiles profitaient habilement des fautes des royalistes pour exciter le mécontentement de la France. L'armée, frémissant d'indignation à la vue des étrangers maîtres de Paris, n'attendait qu'une occasion pour éclater, et tournait ses regards vers l'île d'Elbe.

Napoléon, relégué dans son étroite souveraineté, était instruit de la situation de la France par des correspondances mystérieuses. Il apprenait d'ailleurs que les représentants des grandes puissances de l'Europe, réunis dans un congrès à Vienne, songeaient à le reléguer loin du continent, dans quelque île de l'Atlantique. Le roi de Naples, Murat, qui avait vainement espéré acheter son pardon en trahissant l'empereur, était menacé par le congrès de Vienne et se rapprochait de Napoléon. Des partisans dévoués de l'empereur préparèrent tout pour sa fuite et son débarquement en France.

Retour de l'île d'Elbe; les Cent Jours. — Le 26 février 1815, Napoléon partit de Porto-Ferrajo, avec six cents hommes de sa vieille garde et quatre cents soldats environ, la plupart Polonais et Corses. Le 1er mars, Napoléon débarqua dans le golfe de Juan, près de Cannes, et coucha dans un bois d'oliviers. Le 4, il était à Digne, dont il prit possession comme empereur. Sisteron et Gap lui ouvrirent leurs portes sans résistance. Sisteron aurait pu l'arrêter, si les troupes qui occupaient la citadelle eussent voulu faire feu, car elle domine un défilé par lequel Napoléon devait passer; mais les soldats s'y refusèrent. A Gap, l'empereur fit imprimer ses proclamations à l'armée et à la France; il y annonçait, « que la victoire marcherait au pas de charge; que son aigle volerait de clocher en clocher jusqu'aux tours de Notre-Dame. » Cependant il ne s'approchait pas sans inquiétude de Grenoble. Les troupes occupaient cette ville et pouvaient lui fermer le passage. Napoléon trouva une partie de la garnison à quelque distance de Grenoble; il marcha seul à sa rencontre : « Mes amis, dit-il aux soldats, s'il y en a un seul parmi vous qui veuille tuer son empereur, son général, il le peut : le voici. » Les troupes entraînées répondirent par le cri de *vive l'empereur!* Le colonel Labédoyère passa sous les drapeaux de Napoléon à la tête de son régiment. La garnison tout entière suivit son exemple, et l'empereur fut accueilli dans Grenoble au milieu d'acclamations unanimes. Le 8 mars, il partit pour Lyon à la tête de six mille hommes. Le même jour, le *Moniteur* annonçait aux Parisiens l'entreprise de Napoléon, qu'il traitait de folie, et le représentait comme traqué dans les montagnes; il était ordonné à tous les Français de lui courir sus.

En même temps, le comte d'Artois et le duc d'Orléans partaient pour Lyon, afin de tenter d'arrêter l'empereur; mais ils ne purent engager les habitants de Lyon à résister à Napoléon, et, à son approche, ils quittèrent la ville. L'empereur y resta jusqu'au 13 mars, et y publia plusieurs décrets dans le but de réorganiser le gouvernement impérial; mais il avait soin de répéter qu'il voulait refaire l'Empire par la république et accorder à la nation les libertés qu'elle réclamait. Ainsi, en déclarant dissoutes les chambres des pairs et des députés établies par la charte de 1814, il convoquait un *champ de mai*, ou assemblée générale des représentants de la nation pour la réforme des constitutions de l'Empire. Les troupes que la Restauration tenta d'opposer à Napoléon, passèrent de son côté. Le maréchal Ney qui avait promis à Louis XVIII de lui amener l'empereur prisonnier, céda à l'ascendant de l'homme qu'il avait servi sur tant de champs de bataille. Le 20 mars, Napoléon arriva à Fontaine-bleau. Dans la même nuit, Louis XVIII quittait Paris et se retirait à Gand. Vainement le duc d'Angoulême et le duc de Bourbon ten-tèrent de résister à l'entraînement général, le premier dans le Midi, le second en Vendée ; vainement la duchesse d'Angoulême voulut se maintenir dans Bordeaux. Bientôt le drapeau de l'Empire flotta de nouveau dans toute la France.

Napoléon, conformément à ses promesses, appela dans son minis-tère quelques hommes connus par leurs opinions républicaines, entre autres Carnot, ancien membre du comité de salut public. Il publia l'acte additionnel aux constitutions de l'Empire (22 avril) ;on y retrouvait une partie des dispositions de la charte constitutionnelle de 1815, telles que l'établissement d'une chambre des pairs hérédi-taire et d'une chambre des députés élective, le vote de l'impôt par les députés de la nation, etc. En même temps, Napoléon déclarait que jamais les prérogatives féodales ne pourraient être rétablies. C'était répondre à un des désirs les plus vifs de la nation et éloigner une inquiétude que les prétentions des émigrés avaient fait naître. Le 1ᵉʳ juin, Napoléon, dans un *champ de mai* solonnel, jura de main-tenir la nouvelle constitution, en même temps qu'il sollicitait la France tout entière à une résistance énergique contre la coalition européenne.

Waterloo.—Le congrès de Vienne, en apprenant le retour de Napoléon en France, avait ordonné des armements immenses. L'An-gleterre donna des subsides, qu'on évalue à neuf cent millions, et en même temps leva une armée dont le commandement fut confié à Wellington, et qui fut transportée en Belgique. L'Autriche, la Russie, la Prusse, les peuples de la Confédération germanique, la Suède, fournirent les contingents de l'armée qui se prépara à en-vahir la France. Deux cents mille Russes marchaient vers l'Alsace ; plus de trois cents mille Autrichiens s'avançaient par la Suisse vers la Franche-Comté et le département du Haut-Rhin. Les Prussiens, sous les ordres de Blücher, occupaient la vallée de la Sambre et se préparaient à agir de concert avec Wellington qui campait près de Bruxelles.

Napoléon prit l'offensive avec sa rapidité et son habileté ordinai-res. Son plan consistait à tomber successivement sur les armées de Blucher et de Wellington, et à les battre l'une après l'autre. Il s'avança vers la Belgique (15 juin), et ordonna au maréchal Ney d'occuper la petite ville de Quatre-Bras près de Nivelle, forte position où il pourrait arrêter l'armée anglaise, tandis que l'empereur accablerait les Prussiens. Il attaqua, en effet, Blücher le 16 juin. dans les plaines de Ligny, non loin de ce village de Fleurus qu'avaient déjà illustré les victoires de Luxembourg (1690) et de Jourdan (1794). Pendant cinq heures, les Prussiens disputèrent avec obstination le terrain. Enfin la victoire resta à Napoléon; mais les Prussiens se retirèrent en bon ordre. Napoléon chargea le maréchal Grouchy de poursuivre et de contenir les Prussiens, pendant que lui-même se dirigeait vers l'armée de Wellington.

Le général anglais, appuyé à la forêt de Soignes, occupait les villages de Waterloo et de Mont-Saint-Jean, au sud de Bruxelles, et couvrait la route de Bruxelles. Napoléon vint l'attaquer dans cette forte position le 18 juin. Mais ce fut en vain que le maréchal Ney et la garde impériale firent de prodigieux efforts pour enlever les hauteurs occupées par les Anglais. Ils furent repoussés par l'artillerie des ennemis. Napoléon comptait, pour décider la victoire, sur le corps du maréchal Grouchy, auquel il avait expédié plusieurs courriers, et qui d'ailleurs devait être averti par l'effroyable canonnade de Waterloo. Mais au lieu des troupes françaises qu'il attendait avec impatience, il vit arriver, à six heures du soir, les Prussiens de Blücher, qui tombèrent sur le flanc droit de l'armée française. La garde impériale, foudroyée par l'artillerie anglaise, et enveloppée de tous côtés, se fit tuer plutôt que de se rendre. On a exprimé son héroïque résistance par un mot qui mérite d'être historique : « La garde meurt et ne se rend pas ! » Napoléon voulut se précipiter au milieu de ces braves et partager leur sort; mais il fut entraîné loin du champ de bataille.

Sainte-Hélène. — Les débris des armées françaises ne pouvaient arrêter un ennemi victorieux, et Paris se vit encore une fois menacé par les armées coalisées. L'empereur, de retour dans la capitale, ne trouvait partout que des amis douteux, ou des ennemis déclarés. Le ministre de la police, Fouché, duc d'Otrante, négociait secrètement avec les souverains étrangers et avec le parti royaliste. Les chambres, que Napoléon lui-même avait convoquées, demandaient sa déchéance. Quelques-uns de ses partisans lui conseillaient de les dissoudre et d'agir en maître; mais il ne voulut pas ajouter aux malheurs de la patrie en allumant la guerre civile. Il abdiqua en faveur de son fils Napoléon II, et envoya son abdication aux chambres. Au lieu de former une régence, comme le prescrivait l'acte d'abdication, les chambres nommèrent un gouvernement provisoire, et en donnèrent la présidence au duc d'Otrante. Napoléon se retira alors à la Malmaison, qu'il avait habitée dans le premier éclat de sa gloire, à l'époque du Consulat. Mais déjà les Prussiens menaçaient Paris, et leur cavalerie, qui poussait des reconnaissances jusqu'à la Seine, rendait le séjour de la Malmaison dangereux. D'ailleurs, le gouvernement provisoire exigeait l'éloignement de Napoléon. Il se rendit à Rochefort, d'où il espérait passer en Amérique. Mais toutes les issues étaient fermées par les vaisseaux anglais, et, désespérant d'échapper à ses ennemis, il résolut de se mettre sous la protection du plus implacable de tous. Il écrivit au prince régent d'Angleterre : « Altesse royale, en butte aux factions qui divisent mon pays, et à l'inimitié des plus grandes puissances de l'Europe, j'ai consommé ma carrière politique : je viens, comme Thémistocle, m'asseoir sur le foyer du peuple britannique : je me mets sous la protection de vos lois, que je réclame de Votre Altesse royale, comme celle du plus puissant, du plus constant, du plus généreux de mes ennemis. »

L'empereur s'embarqua sur le *Bellérophon,* un des vaisseaux de guerre qui surveillaient l'île d'Aix et les côtes de France. Le navire anglais fit voile vers l'Angleterre, et stationna quelques jours dans la rade de Torbay et dans celle de Plymouth. Ce fut là que Napoléon reçut la notification de l'exil que lui infligeait l'Angleterre, au lieu de l'hospitalité qu'il lui avait demandée avec tant de magnanimité. Il était déclaré prisonnier de guerre, et comme tel relégué dans l'île de Sainte-Hélène, au milieu de l'océan Atlantique, à deux mille lieues du continent européen. Napoléon réclama vainement contre cet acte de déloyauté. Sa protestation mérite d'être conservée : « J'en appelle à l'histoire : elle dira que l'homme qui fit longtemps la guerre au peuple anglais, vint librement, dans son infortune, chercher un asile sous ses lois. Quelle plus éclatante preuve pouvait-il donner de son estime et de sa confiance! Mais comment répondit-on, en Angleterre, à une pareille magnanimité? On feignit de tendre une main hospitalière à cet ennemi, et, quand il se fut livré de bonne foi, on l'immola. » Cédant à la force, il partit pour ce lointain exil avec les généraux Bertrand, Montholon, Gourgaud et le comte de Las Cases. Il arriva le 15 octobre à Sainte-Hélène. Là, sous un climat meurtrier, dans une inaction si opposée à sa nature ardente, irrité par les précautions minutieuses et tracassières du gouverneur Hudson-Lowe, Napoléon passa tristement les dernières années de sa vie. Il ne se consolait qu'en songeant à la postérité et en dictant des pages immortelles, où il retrace ses glorieuses campagnes, et juge avec une haute impartialité les grands capitaines de tous les siècles. Il mourut le 5 mai 1821, et ses restes mortels furent déposés sous un bosquet où il avait lui-même marqué la place de son tombeau.

N° 27.

Traités de 1815. — Géographie politique de l'Europe à cette époque.

Traités de 1815.—Géographie de l'Europe en 1815.—L'Europe, violemment agitée et bouleversée par les guerres de Napoléon, avait besoin de se raffermir et de fixer par des traités les limites des divers États, qui depuis vingt ans avaient été si souvent déplacées. Telle fut l'œuvre du congrès de Vienne et des traités de 1815. Louis XVIII fut replacé sur le trône de France, mais il ne recouvra pas intact le royaume de ses pères. On avait parlé de reprendre l'Alsace et la Lorraine, comme provinces allemandes, avec toutes les places fortes du Nord. L'habileté du prince de Talleyrand, qui représentait la France au congrès de Vienne, prévint ce malheur ; mais il fallut abandonner Landau et plusieurs places qui avaient appartenu à l'ancien royaume de France ; les fortifications d'Huningue furent rasées ; nos musées furent dépouillés de tous les chefs-d'œuvre des arts, que la victoire y avait entassés. Les Prussiens menaçaient de faire sauter le pont d'Iéna, qui leur rappelait un sanglant désastre. Louis XVIII résista énergiquement en déclarant à Blücher qu'il se placerait sur le pont et périrait sous ses ruines. La fermeté du roi, la modération de l'empereur Alexandre et la nécessité de maintenir l'équilibre européen, s'opposèrent aux calamités que pouvait faire craindre la violence du général prussien. Cependant il fallut payer huit cent millions et s'engager à entretenir, pendant sept ans, cent cinquante mille étrangers qui occuperaient le territoire français. La France conserva, du moins, dans cet abaissement, plusieurs des conquêtes de la Révolution, et entre autres Mulhouse, Avignon et le comtat Venaissin. Mais ce qui fit péniblement ressortir l'humiliation de notre pays, ce fut le contraste des États voisins qui s'agrandirent à ses dépens, entre autres la Hollande, la Prusse, l'Angleterre et l'Autriche.

La Hollande obtint la Belgique, que la France avait conquise dès 1793 ; elle devint un royaume, dont les places de guerre limitrophes de la frontière septentrionale de la France furent fortifiées avec un soin particulier. Il fallut que la France payât une partie des dépenses de ces fortifications. La Prusse ne recouvra pas seulement les provinces que Napoléon lui avait enlevées ; elle obtint une partie considérable de la Saxe, la Poméranie suédoise, la Westphalie, et, sur les bords du Rhin, le Clèves-Berg et le duché du Rhin, qui s'étend jusqu'aux frontières de la France. Elle hérita de presque tout ce qui avait appartenu aux électorats ecclésiastiques de Cologne et de Trèves. La Confédération suisse recouvra le Porentruy, le Valais et obtint le pays de Genève et des Grisons. La Confédération helvétique se composa alors des vingt-deux cantons de Zurich, Berne, Lucerne, Soleure, Uri, Schwitz, Unterwalden, Glaris, Zug, Fribourg, Bâle, Schaffhouse, Appenzell, Saint-Gall, Grisons, Argovie, Thurgovie, Tésin, Vaud, Valais, Neuchâtel et Genève. Le royaume de Sardaigne fut reconstitué et comprit la Savoie, le Piémont, le comté de Nice, le Montferrat, le Val d'Aoste, les provinces de Novare, d'Alexandrie, et l'île de Sardaigne.

L'Angleterre gardait Sainte-Lucie et Tabago enlevées à la France. L'île de Saint-Domingue s'était rendue indépendante. La France ne recouvra, de ses anciennes colonies, que la Martinique, la Guadeloupe, Marie-Galande, la Désirade, les Saintes, avec une portion de Saint-Martin et de la Guyane ; on lui rendit, en Afrique, le Sénégal et l'île Bourbon ; enfin, dans les Indes, Pondichéry, Mahé, Chandernagor. L'Angleterre, maîtresse de Malte et des îles Ioniennes, dominait sur la Méditerranée, pendant que l'occupation d'Helgoland, sur les côtes du Danemark, lui assurait une station importante à l'entrée de la Baltique. En Amérique, elle conserva, outre les Antilles enlevées aux Français, Surinam conquis sur les Hollandais ; dans les mers des Indes, l'île de France (île Maurice), Cochin et les contrées enlevées aux Mahrattes.

L'Autriche agrandit ses domaines d'Italie : elle y obtint, sous le titre de royaume Lombard-Vénitien, toutes les contrées situées entre le Tésin, le Pô et la mer Adriatique, avec la Valteline et Chiavonne, la partie du duché de Mantoue située au sud du Pô, et le droit d'entretenir garnison à Ferrare. Des princes de la maison d'Autriche eurent les principautés de Modène, de Parme et de Plaisance, ainsi que la Toscane. Les provinces illyriennes, qui avaient appartenu à la France pendant plusieurs années, furent rendues à l'Autriche et formèrent le royaume d'Illyrie : il en fut de même de la Dalmatie vénitienne avec Raguse, et des îles situées le long de cette côte jusqu'aux bouches du Cattaro. La Bavière restitua à l'empire d'Autriche le Tyrol et l'archevêché de Salzbourg ; la Russie, une partie de la Gallicie. Le royaume de Bavière s'agrandit, sur la rive gauche du Rhin, de Landau, de Spire, de Deux-Ponts et de plusieurs autres villes de l'ancien Palatinat. Le Hanovre fut élevé au rang de royaume et acquit Hildesheim, l'Ost-Frise et quelques autres contrées.

L'Allemagne, qui avait été tant de fois remaniée par Napoléon, redevint une puissance fédérative, mais avec une diminution considérable dans le nombre des Etats. Elle en compta trente-huit, très-inégaux en étendue et en influence : Autriche, Prusse, Bavière, Saxe, Hanovre, Wurtemberg, Bade, Hesse électorale; Hesse ducale, Danemark pour le Holstein ; Pays-Bas pour le Luxembourg, Brunswick, Mecklembourg-Schwerin, Nassau, Saxe-Weimar, Saxe-Gotha, Saxe-Cobourg, Saxe-Meinengen, Saxe-Hildbourghausen, Mecklinbourg-Strelitz, Holstein, Oldenbourg, Anhalt-Dessau, Anhalt-Bernbourg, Anhalt-Cœthen, Schwartzbourg-Sundershansen, Schwartzbourg-Rudolstatdt, Hohenzollern-Hechingen, Lichtenstein, Hohenzollern-Sigmaringen Waldeck, Reuss (branche aînée), Reuss (branche cadette), Schaumbourg-Lippe, Lippe-Detmold, Lübeck, Brême, Hambourg, Francfort. Une diète, composée de dix-sept membres et résidant à Francfort-sur-le-Mein, fut chargée du gouvernement de la Confédération. L'Autriche eut la présidence de la diète. En cas d'additions ou de modifications aux lois fondamentales de la Confédération, la diète devait se composer de soixante-neuf suffrages, dont la répartition était réglée par la nouvelle constitution. Tous les membres de la Confédération s'engageaient à défendre non-seulement l'Allemagne entière, mais encore les États de la Confédération qui seraient attaqués. Le contingent que devait fournir chaque État était déterminé.

En Italie, le royaume des Deux-Siciles fut rétabli en faveur de la maison de Bourbon. Le saint-siége recouvra ses anciennes provinces, moins le comtat Venaissin qui resta définitivement incorporé à la France. La maison de Bourbon remonta sur le trône d'Espagne ; mais la plupart des colonies espagnoles restèrent indépendantes. Le Portugal fut rendu à la maison de Bragance. Dans l'Europe septentrionale, le Danemark fut puni de la fidélité qu'il avait montrée à la France : on lui enleva la Norwége ; la concession du duché de Lauenbourg ne fut pas une compensation sérieuse. La Norwége fut donnée à la Suède, mais tout en conservant sa constitution particulière. La Finlande, enlevée à la Suède, fut réunie à la Russie. Cette dernière puissance conserva la Bessarabie et une partie de la Moldavie qu'elle avait enlevées à la Turquie ; elle obtint le grand-duché de Varsovie qui avait été réuni par Napoléon au royaume de Saxe. Les traités de Vienne rétablirent une vice-royauté de Pologne, mais la donnèrent à la Russie. La ville de Cracovie fut érigée en république indépendante. La Turquie, qui venait de perdre la Bessarabie et une partie de la Moldavie, conservait la Grèce et les anciennes provinces d'Europe, d'Asie et d'Afrique. Les îles Ioniennes (Corfou, Céphalonie, Zante, Sainte-Maure, Ithaque, Paxos et Cérigo), formaient une république, qui était placée sous le protectorat de l'Angleterre.

Telle fut la nouvelle délimitation des États européens, fixée par les plénipotentiaires réunis à Vienne. Le système d'équilibre, un instant détruit, se rétablit peu à peu, et il se forma une aristocratie de puissances qui s'est maintenue au milieu de toutes les vicissitudes de la politique. La France, qui ne tarda pas à se relever de l'état d'abaissement où les princes coalisés auraient voulu la tenir, l'Angleterre, la Russie, l'Autriche et la Prusse, occupèrent le premier rang en Europe et l'ont conservé jusqu'à nos jours.

FIN DU COURS DE RHÉTORIQUE.

TABLE DES MATIÈRES.

COURS DE RHÉTORIQUE.

Corbeil, typ. et stér. de Crété.

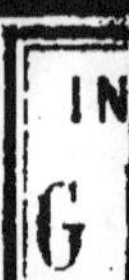
IN
G